»Der Himmel über dem Platz« im Unterricht

INHALTSANGABE

U.1

Eine außergewöhnliche jugendliche Protagonistin, eine spannende und zugleich glaubwürdige Story, zahlreiche tiefsinnige Szenen und eine originelle Erzählkonzeption – dies sind die Zutaten des Kinderromans von Martina Wildner.

Die dreizehnjährige Ich-Erzählerin Jo, eigentlich Jolanda, spielt für ihr Leben gerne Fußball. Sie möchte irgendwann einmal Nationalspielerin werden. Weil sie in ihrer Mädchenmannschaft, dem FFC, aus Sicht des Verbandes nicht gut genug gefördert wird, wird ihr und ihren Eltern empfohlen, wie die meisten anderen Auswahlspielerinnen in eine Jungenmannschaft zu wechseln.

Damit wartet auf Jo, deren Eltern getrennt leben, die sich mit ihrer älteren Schwester nur leidlich versteht und darüber hinaus in der Schule keine Granate ist, eine weitere Herausforderung. Sie wird mit einer Vielzahl von, vor allem auch geschlechterbezogenen, Erwartungen konfrontiert, die sie kaum erfüllen kann. Die Geschichte beginnt, als ihre Mitspielerinnen über Umwege erfahren, dass sie vom FFC weggehen will und die ganze Ablehnung ihrer Teamkameradinnen zu spüren bekommt. Obwohl sie bei Blau-Weiß freundlich ist, nicht auffallen und mit Leistung überzeugen will, machen ihr die neuen Mitspieler die Trainings zur Hölle. Besonders der arrogante Niclas, der beste Spieler und Stürmerstar des Teams, grenzt sie aus, beleidigt sie und droht ihr. Sie fühlt sich ausgeschlossen und leistungsmäßig zu schlecht. Doch der junge Trainer Jurek ist von ihrem Talent überzeugt und sorgt dafür, dass sie bei ihrem neuen Verein bleibt.

Ihr Vater, der in seinem großen Garten einen Fußballplatz mit Tor nachgebaut hat, übt regelmäßig mit ihr, obwohl sich Jo von seinen kritischen Bemerkungen gekränkt fühlt. Und auch die meisten Eltern ihrer Teamkameraden lassen erkennen, dass sie gegen das neue Mädchen im Team sind. Besonders rätselhaft für Jo ist ihr Mitspieler Ron, den Jo einmal an der Mauer am Flughafen, in einer Buchhandlung und auf dem Spielplatz mit seiner kleinen Schwester beobachtet.

Auch das Verhältnis zu ihrer Familie leidet unter dem Druck, den Jo nun in ihrer neuen Mannschaft verspürt. Ihre Schwester Katrina, die begeistert Ballett tanzt und kurz vor einer Musical-Aufführung steht, schwärmt für einen neuen Tänzer in ihrer Tanzgruppe.

Mehrmals begegnet sie dem Nachbarn ihres Vaters, Herrn Kubitschek, der in einem Haus hinter einer hohen Thujahecke mit seinem Riesenhund Zico lebt. Als Jo einmal spätabends ihren Ball aus seinem Garten holen will, erschreckt er sie mit einer Maske und gibt ihr am nächsten Morgen den Ball zurück. Außerdem gibt er ihr den Rat, sich ein Team zusammenzustellen, um Unterstützung zu haben. Im Folgenden nimmt sie stärker als bisher die Menschen wahr, die ihr helfen. Beispielsweise ihre beste Schulfreundin Becky, Mama Ahmed beim Training und Spiel oder die Schiedsrichterin ihres Spiels.

Doch an einem heißen Wochenende läuft alles schief. Zwar gewinnt sie mit ihrer Mädchenmannschaft, die sie angefragt hat, gegen die Erzfeindinnen von Stern 09, doch beim Blau-Weiß-Turnier am Sonntag spielt sie aus Erschöpfung nicht gut. Als Niclas sie weiter beleidigt und provoziert, wirft sie ihm ihre Sporttasche an den Kopf. Das Marmeladenglas, das darin ist, sorgt nicht nur für eine ordentliche Platzwunde, sondern auch für eine Schlägerei unter den Eltern der Mitspieler. Jo rennt weg und ist fest entschlossen, nie mehr für Blau-Weiß zu spielen. Am Ende kommt es jedoch anders. Das ist zum einen Jo selbst zu verdanken, die mittlerweile erwachsener geworden ist und in bewundernswerter Weise Verantwortung für ihr Tun übernimmt. Auch Herr Kubitschek, der ein Wildner typisches fantastisches Element in den Roman bringt, sorgt dafür, dass Jo ihren eigenen Weg findet und am Ende wirklich abhebt.

»Der Himmel über dem Platz« ist ein atmosphärisch dichter, stimmungsvoller und zugleich authentischer Kinderroman. Zahlreiche Spannungsbögen sorgen darüber hinaus für Lesevergnügen. Auch deshalb ist Martina Wildners Geschichte eine außergewöhnliche und glänzend geeignete Klassenlektüre.

DIDAKTISCHES PROFIL DES ROMANS

Wie jeder andere Unterricht auch muss die Behandlung eines Kinder- bzw. Jugendromans einerseits an die Lernvoraussetzungen der Schüler_innen anknüpfen und damit assimilative Aspekte bieten, andererseits auch zusätzliche Anforderungen an das Verstehen stellen. Das didaktische Potenzial des Romans als Unterrichtslektüre liegt damit in der Verknüpfung von vertrauten, assimilativen und eher neuen, akkommodativen Aspekten. Vertraute Charakteristika des Textes sorgen dafür, dass die Schüler_innen von sich aus einen Zugang zum Text finden können und dass Anknüpfungsmöglichkeiten für eine eigene Textdeutung vorhanden sind (Assimilation). Dieser Aspekt betrifft das lesefördernde Potenzial. Neue, zusätzliche Anforderungen, die der Text an ein Verstehen der Schüler_innen stellt, betreffen eher den Bereich des literarischen Lernens. Im Überblick lässt sich das didaktische Profil von »Der Himmel über dem Platz« folgendermaßen darstellen:

Dimension des Textes	Das Vertraute: Möglichkeit zur Assimilation (Leseförderung)	Das Neue: Notwendigkeit zur Akkommodation (literarisches Lernen)
Wirklichkeitsbezug	▶ Fiktive Geschichte mit realen Bezügen	▶ Fiktionales Geschehen ▶ Fantastische Elemente
Thematik	▶ Freundschaft ▶ Familie ▶ Schule ▶ Mobbing ▶ Geschlechterrollen und -stereotypen	▶ Leistungssport Fußball ▶ Patchwork-Familie
Figuren	▶ Positive Identifikationsangebote für Mädchen und Jungen durch Jolanda und Ron sowie Becky ▶ Positive Identifikationsangebote durch Jurek und Mama Ahmed ▶ Negative Identifikationsangebote durch Niclas und Fabienne sowie Niclas' und Sigis Vater	▶ Empathie mit ambivalenten Figuren, v.a. Fabienne, Jos Vater, Jos Mutter und Katrina ▶ Durchbrechung von Geschlechterrollenstereotypen: Jo (setzt sich im Jungenteam durch), Ron (tanzt Ballett) und Luca (ist Schiedsrichterin)
Sprache/Stil	▶ Altersgerechte Sprache ▶ Äußere und innere Handlung ▶ Dialoge ▶ Spannung	▶ Vergleiche, Metaphern und Symbolik ▶ Jugendsprache ▶ Dialekt ▶ Redensarten
Literarische Formelemente/ Erzählkonzept	▶ Ich-Perspektive Jo ▶ Lineares Erzählen, vereinzelt Rückblenden ▶ Kapitelgliederung ▶ Happy End	▶ Fantastische Elemente ▶ Vorausdeutungen (Prolepsen) ▶ Kapitel ohne Nummerierung ▶ Unterschiedliche Kapitellängen

Die Übersicht verdeutlicht die gelungene Mischung aus leseförderndem Potenzial und Notwendigkeiten zur Akkommodation bestehender Verstehensschemata. Besonders geeignet ist »Der Himmel über dem Platz« für die Klassenstufen 6/7. Die Stärke des Romans als Unterrichtslektüre liegt in den vielfältigen Identifikationsangeboten für Mädchen und Jungen, in der thematischen Breite sowie in der Vielfalt der sprachlichen Mittel. Die Erzählperspektive (die Leser_innen erleben das Geschehen aus Jolandas Sicht) vermittelt gleichzeitig Nähe und Distanz zum erzählten Geschehen.

LITERARISCHES PROFIL DES ROMANS

u.3

Themen und Motive

In Martina Wildners Kinderroman werden zahlreiche thematische Stränge kunstvoll verwebt. Im Mittelpunkt stehen die Erfahrungen, die die Protagonistin Jo als Mädchen in einer Jungenmannschaft macht. Dass diese Konstellation bei Fußball-Auswahlspielerinnen gang und gäbe ist, liegt an den Empfehlungen des DFB. Das führt dazu, dass sich die talentiertesten Spielerinnen in Jungenteams behaupten müssen. Jos Erfahrungen sind mit denen vieler anderer Spielerinnen vergleichbar. Sie muss sich zum einen mit Vorurteilen ihres Umfeldes in Bezug auf Mädchen- und Frauenfußball allgemein auseinandersetzen. Darüber hinaus bricht sie, obwohl sie sich völlig freundlich und unauffällig verhält, in die Gemeinschaft ihres Jungenteams ein und sorgt für zahlreiche offenkundige und subtile, verbale und körperliche, Reaktionen ihrer Mitspieler und auch deren Väter, die man zusammenfassend als *Mobbing* bezeichnen kann. Dieser massiven *Geschlechterdiskriminierung* ist Jo relativ schutzlos ausgesetzt. Auch dem Trainer Jurek und ihren eigenen Eltern gelingt es kaum, sie vor dem Mobbing zu schützen und die Verantwortlichen zur Rechenschaft zu ziehen. An zahlreichen Stellen des Romans stellt sich auch für die Leser_innen die Frage, wie man sich gegen die Bosheiten von Niclas und den anderen überhaupt wehren kann.

Auffällig sind auch die *geschlechterrollenspezifischen Charakterprofile* der Hauptfiguren. Martina Wildner konzipiert Jo als durchaus androgyn gefärbten Charakter. Jo hat einerseits starke Karrierewünsche und wirkt auf dem Platz durchsetzungsstark. Gleichzeitig beschreibt sich Jo selbst als äußerlich unauffällig, ist aber sensibel und stark emotional gestrickt. Jos Vater wirkt durchsetzungsschwach und überfordert mit seinem Leben. Interessant ist auch die Schiedsrichterin Luca, die von Jo, und von anderen vermutlich auch, auf dem Platz als Mann wahrgenommen wird und später sich als die entpuppt, die für Jo versteckte Botschaften an die Wand ihrer Kabine schreibt. Durch diese kontrastreichen Figurenprofile können sich alle Leser_innen an sie andocken.

Im Roman geht es darüber hinaus an vielen Stellen um die schönen, spannenden und schwierigen Aspekte der *Sportart Fußball*, um Training und Taktik, Freundschafts- und Ligaspiele, um berühmte Spiele und Turniere der Fußballgeschichte, um die Eltern am Spielfeldrand, um Freizeit- und Leistungssport und auch um den Fußballgott. Für Jo steht schon seit langem fest: Sie möchte einmal Nationalspielerin werden. Den Umweg über Blau-Weiß nehmen sie und ihre Eltern nur in Kauf, weil sie so bessere Chancen in ihrer Fußballkarriere hat. Dass mit einer solchen Leistungssportart in besonderer Weise nicht nur Erfolgserlebnisse, sondern auch Frustrationen verbunden sind und dass Fußball ein Kampfsport ist, sieht man in vielen Szenen des Romans.

Ein weiteres wichtiges Thema des Romans ist die *Familie*. Jo lebt in einer Patchwork-Familie. Die Mutter hat sich vor Jahren von ihrem Mann getrennt. Jo und ihre ein Jahr ältere Schwester Katrina leben größtenteils bei der Mutter in einer Wohnung in einem Mehrfamilienhaus, kommen aber regelmäßig auch zum Vater, der in einem anderen Teil der Stadt in einem kleinen Haus mit großem Garten wohnt. Jo muss die verschiedenen Erwartungen ihrer drei Familienmitglieder ständig ausbalancieren. Mit der Mutter und dem Vater ist das Verhältnis nicht einfach, weil beide Elternteile nur selten gemeinsam ihre Erziehungsverantwortung wahrnehmen. Die Mutter scheint regelmäßig überfordert und genervt und flüchtet sich in Floskeln, der Vater ist eine Mischung aus Überheblichkeit und Minderwertigkeitskomplex. Dass er sich, obwohl er nie Fußball gespielt hat, Jo gegenüber als Fußballexperte aufspielt, stört sie immer wieder. Und auch mit ihrer Schwester Katrina, die begeistert Ballett tanzt, versteht sich Jo eher schlecht. So muss sich Jo an vielen Stellen zwischen einem harmonischen Familienleben und ihrem sportlichen Karrierewunsch entscheiden.

Jos *Freundschaften* werden durch ihren Vereinswechsel auf eine harte Probe gestellt. Ihre bisherigen Teamkameradinnen vom FFC lassen sie anfangs sehr spüren, was sie von Jos Wechselwunsch halten: Sie grenzen sie aus und betrachten ihre Karrierewünsche als Verrat an der gemeinsamen Freundschaft und an der Mannschaft. Dies zeigt sich besonders deutlich bei Fabienne, die sich auch abseits des Fußballplatzes von Jo zunehmend distanziert. Ihre neuen Mitspieler verhalten sich nahezu alle ablehnend, hier findet sie keine neuen Freundschaften. Dass Freundschaft heißt, zusammen durch dick und dünn zu gehen, beweist Jos beste Schulfreundin Betty. Sie interessiert sich für Jos Erfahrungen auf und abseits des Fußballplatzes, schenkt ihr Zeit, Vertrauen und Solidarität. Sie hilft ihr in schulischen Dingen. Sie geht mit zum Training und zum Spiel und gibt ihr wertvolle Tipps und Einschätzungen. In schwierigen Situationen ist sie für Jo so etwas wie ein Anker im Sturm.

Erzählkonzept

Schauplatz des Romans ist eine nicht mit Namen benannte Großstadt, vermutlich, dem Dialekt von Mama Ahmed nach, Berlin. Wichtige Orte sind die fiktiven Sportanlagen vom FFC und Blau-Weiß, die Wohnung von Jos Mutter, Haus und Garten von Jos Vater, ein Stadtpark mit Spielplatz sowie das Gelände in der Nähe des Flughafens.

Der Roman schildert im Kern den Zeitraum von einigen Wochen in einem heißen Sommer vor den Sommerferien. In einigen Kapiteln werden Geschehnisse aufgegriffen, die vor der eigentlichen Handlung passiert sind (z. B. Jos sportliche Karriere in Kapitel 2 oder das WM-Finale von 2006 in Kapitel 8).

Das erzählte Geschehen wird linear aus der Ich-Perspektive von Jo erzählt. Der Roman ist durchgängig im Präteritum verfasst. Einige Zeitraffungen (z. B. zu Beginn von Kapitel 16) verdichten das Geschehen. Insgesamt herrscht eine kompakte erzählerische Grundstruktur vor, die an die Einheit von Ort, Zeit und Handlung eines Dramas erinnert.

Einige andeutende Prolepsen am Beginn einiger Kapitel, aber auch eingebettet in die Kapitelhandlung, strukturieren das erzählte Geschehen, unter anderem hier: »So wie an jenem Tag« (S. 5), »Ich stellte mir vor, ich sei eine berühmte Fußballspielerin und kehrte vom gewonnenen Champions-League-Finale zurück« (S. 44), »Aber es kam alles anders« (S. 177).

Immer wieder wird der Handlungsstrom durch selbstreflexive Bemerkungen Jos unterbrochen, so zum Beispiel beim ersten Training bei Blau-Weiß (Kap. 1) oder bei der Begegnung mit Ron an der Mauer (Kap. 5).

Spannungsbögen des Romans

Die Spannung des Romans speist sich für die Leser_innen vor allem aus drei Fragen: Zum einen, wie es Jo bei ihrem neuen Verein Blau-Weiß ergehen wird und ob sie es schafft, ihre Karrierewünsche in die Tat umzusetzen.

Daneben geht es für die Leser_innen auch um die Frage, ob und in welcher Weise sich Jo und Ron anfreunden und wie sich die Rätselhaftigkeit von Ron für Jo auflöst. Auch die Frage, ob Niclas für seine Mobbingattacken zur Rechenschaft gezogen wird, sorgt für zusätzliche Spannung.

Alle Spannungsbögen werden am Ende kunstvoll zu einem Abschluss gebracht: Jo setzt sich bei Blau-Weiß und in der Landesauswahlmannschaft durch und wird zur Jugendnationalspielerin. Am Ende fliegt sie mit ihrem Team zu einem Auswärtsspiel nach Kopenhagen. Jo findet heraus, dass Ron insgeheim ein Ballett- bzw. Hip-Hop-Tänzer ist und dass ihre Schwester Katrina in ihn verliebt ist. Außerdem wechselt Niclas den Verein. Insofern kommt es zum Schluss zu einem waschechten Happy End.

Weitere Spannungshöhepunkte sind die Szenen mit Jos Spielen (Kap. 4, 14, 17 und 18), ihre geheimen Beobachtungen von Ron (Kapitel 5, 7, 13 und 15), die Auseinandersetzungen mit Niclas (Kapitel 4, 9 und 18) sowie die rätselhaften Begegnungen mit Kubitschek (Kapitel 10, 11 und 20).

Sprache

Der Roman ist größtenteils in altersgemäßer Sprache und parataktischem bzw. begrenzt hypotaktischem Satzbau verfasst. Zahlreiche Dialoge ermöglichen, dass die Textmenge auch von jüngeren bzw. ungeübten Leserinnen und Lesern bewältigt werden kann.

Zuweilen lässt Martina Wildner die Figuren jugendsprachliche Ausdrücke und Flüche sagen, unter anderem hier:

- »Also verkackt, dachte ich.« (S. 14)
- »Papa! Du spinnst doch!« (S. 16)
- »Scheißpiranhas!« (S. 20)
- »Ihr Penna, habt ihr Valium jefressn?« (S. 41)
- »Ey, sie ist voll der pain in the ass« (S. 12)
- »Missgeburt« (S. 74)
- »Moooooove« (S. 124)
- »dieses beschissene Kleinfeldtor« (S. 135)
- »Hast du diesem Niclas mal ordentlich in die Eier getreten?« (S. 172)
- »So ein Scheißturnier heute, oder?« (S. 196)

Humorvolle Textstellen gibt es beispielsweise, als Betty sich über den Stadtnamen Duisburg lustig macht (S. 22), bei der Schilderung von Jos Ballettanfängen (S. 23), dem Krieg von Jos Vater im Straßenverkehr (S. 24), seinen Grillaktivitäten (S. 102) oder seinen

Drohungen mit dem Anwalt (S. 57), beim Besuch an Rons Haustür (S. 62), bei den Mathekenntnissen und dem Aussehen von Cristiano Ronaldo (S. 77, 112), bei den Begrüßungsregeln (S. 96), bei Jos Wörtersuche (S. 111/112) oder Jos Erkenntnis, dass von allen Seiten Gefahren lauern (S. 52).

Martina Wildner lässt Jos Mutter an vielen Stellen mit Redewendungen operieren, zum Beispiel hier:
- »Er redet wirklich viel, wenn der Tag lang ist!« (S. 31)
- »Dein Vater hängt sein Fähnchen nach dem Wind.« (S. 31)
- »Da nimmt er den Mund aber wieder voll.« (S. 32)
- »Am Ende kann ich wieder schauen, wo wir bleiben.« (S. 32)
- »Dass dein Vater gerne mal die Wahrheit mit Füßen tritt [...].« (S. 33)
- »Aber dass du dich vor seinen Karren spannen lässt und mir gegenüber das Blaue vom Himmel erzählst [...].« (S. 33)
- »Sie versuchte eben, den Ball flach zu halten [...].« (S. 33)
- »Dieser Mann hat einfach kein Maß und Ziel!« (S. 202)
- »Ich fürchte, dein Vater hat sich mal wieder einfach vom Acker gemacht.« (S. 202)

Die dialektalen Zitate von Mama Ahmed sorgen für Berliner Lokalkolorit, zum Beispiel hier: »Dit war doch die Lücke, Oogen uff bei da Berufswahl, sar ick nur!« (S. 41), »Und du, Kleene? Hast's ooch nich leicht, wa?« (S. 41), »Du mussta det Eis als Erste holen!« (S. 65)

Vergleiche, Metaphern und weitere Stilmittel

Martina Wildner operiert in ihrem Roman mit zahlreichen sprachlichen Bildern und weiteren Stilmitteln, die das Lesevergnügen erhöhen und zusätzliche Bedeutungsschichten erschließen.

Vergleiche sind beispielsweise:
- »Meine Mitspielerinnen rannten an mir vorbei, als wäre ich unsichtbar [...].« (S. 5)
- »[...] wie das Exoskelett ein Insekt.« (S. 33)
- »Draußen traf uns die Hitze wie eine Wand.« (S. 37)
- »[...] der wie besessen wirkte [...]« (S. 39)
- »Ihr Zaun ist so morsch wie ein abgestorbener Baum [...]« (S. 56)
- »[...] alle standen wir wie erschlagen auf dem Platz. (S. 63)
- »Sie sah aus wie ein Model [...].« (S. 75)
- »Es sah aus, als hätte der Ball – oder der Finger – einen Motor [...].« (S. 87)
- »Wie gelähmt stand ich da, stumm wie die grässlichen Fische in seinem Aquarium.« (S. 88)
- »Mir warf er einen Blick zu, giftiger als der einer Sägezahnnatter.« (S. 89)
- »Na ja, Piranhas sind doch wie deine Jungs [...].« (S. 91)
- »[...] unsere Unternehmung schien mir wie eine Fahrt durch den brasilianischen Dschungel auf einem Floß, das ungebremst auf einen Wasserfall zufuhr.« (S. 94)
- »Er sieht aus wie ein beleidigtes Riesenbaby.« (S. 106)
- »[...] warum sie wie eine Schleiereule rumläuft.« (S. 107)
- »Sie benahm sich wie ein kleines Kind.« (S. 110)
- »Sie sah dabei aus wie ein Pinguin.« (S. 116)
- »Auf einmal fügte sich alles wie ein Puzzle zusammen [...].« (S. 150)
- »Die Welt war eine Kugel wie ein Fußball, [...].« (S. 180)
- »Er sieht aus wie ein Wikinger.« (S. 204)
- »Sie tanzte wie eine Primaballerina [...].« (S. 212)

Metaphorische Sprachbilder sind zum Beispiel:
- »Keine nahm der anderen etwas weg. Das waren zwei voneinander getrennte Welten.« (S. 8)
- »Ja, den Wechselgeruch.« (S. 9)
- »Als Mädchen ist man frei von so engstirnigem Schwarz-Weiß-Denken.« (S. 29)
- »Fußball ist Krieg.« (S. 92)
- »Das Leben war ein Piranhabecken [...].« (S. 92)
- »Sie hatte tellergroße Hände [...].« (S. 144)
- »Und was war ich? Der Mond?« (S. 153)
- »[...] die Quelle des Amazonas, [...]« (S. 158)
- »[...] denn ein anderer Satz von ihr verstopfte mein Gehirn.« (S. 165)
- »[...] ein Geräusch aus der Fußballhölle.« (S. 208)
- »Das gab mir einen kleinen Stich, [...].« (S. 214)

Wildner baut, vor allem bei wichtigen oder dramatisch gefärbten Situationen, auch mehrere *Ellipsen* ein:
- »Geschah ihm recht.« (S. 14)
- »Es gab nur noch eine Richtung. Vorwärts.« (S. 27)

Hyperbeln finden sich unter anderem hier:
- »glühende Nachmittagshitze« (S. 7)
- »Schon das Erwärmungsprogramm war zehnmal anstrengender als das bei meiner Mädchenmannschaft.« (S. 11)

- »Mir floss der Schweiß in Bächen herunter.« (S. 94)
- »[…] ich dachte hunderttausend unsinnige Sachen gleichzeitig.« (S. 157)

Symbolisch kann man folgende Textelemente verstehen:

- Das heiße Wetter, das immer wieder erwähnt wird (»Hitze«, S. 5; »zu heiß für alles«, S. 6; »glühende Nachmittagshitze«, S. 7; »Die Luft flimmerte über den Gleisen«, S. 7; »Draußen traf uns die Hitze wie eine Wand«, S. 37; »Niclas vertrug die Hitze nicht«, S. 39; »Mir ist auch heiß«, S. 50; »Alle standen wir wie erschlagen von der Hitze auf dem Platz«, S. 63), symbolisiert die besondere Dramatik von Jos Situation. Bezeichnenderweise gibt es bei wichtigen Szenen (S. 116, 181, 190) starken Wind, schwarze Wolken, Gewitter und Wolkenbrüche.
- Das Graffiti »FLY HIGH«, das am FFC-Platz steht und dann in Jos Kabine bei Blau-Weiß auftaucht (S. 36, 68, 161, 209, 211), lässt sich als Motto ihres gesamten Bemühens um Karriere und Akzeptanz verstehen, als Wunsch abzuheben (S. 220). Offenbar hat Luca, die Schiedsrichterin, das Motto in Jos Kabine angebracht und jeweils aktualisiert. Dass die Graffiti-Buchstaben schwarz gefärbt sind, könnte als Hinweis verstanden werden, dass dieser Weg nicht ganz einfach ist. Jos »Starten ist lauter als Landen« (S. 207) kann man auch als Beschreibung ihrer Karriere ansehen.
- Die »winzige, stickige Umkleidekabine« von Jo (S. 9) verdeutlicht symbolisch die fehlende Wertschätzung des Vereins bzw. der gesamten Fußballwelt für Mädchen.
- Dass Jo beim Tortragen »rückwärtsgehen« (S. 12) muss, beweist, dass sie in ihrer neuen Mannschaft mit dem Rücken zur Wand steht.
- Die hohe, breite, schwarze Thujahecke zwischen dem Garten von Jos Vater und dem des Nachbarn Kubitschek (S. 17, 80) symbolisiert die Grenze zwischen Realität und Fantastik.
- Jos Zimmerfarbe Hellgrün (S. 29) verdeutlicht ihre Hoffnung.
- Rons roter Stift (S. 45) deutet seine Liebe zum Ballett und seine emotionale Seite an, eventuell auch die beginnende Liebe mit Katrina.
- Kubitscheks Hund trägt den Namen Zico (S. 55) und heißt damit genauso wie ein bekannter brasilianischer Nationalspieler (S. 25, 56).
- Jo muss, als sie Kubitschek zum ersten Mal sieht, mit weißer Kleidung, Ledersandalen und weißen Haaren, an Gott denken (S. 56 f., 87).
- Die »kugeligen Zwergfichten« im Vorgarten von Jos Vater (S. 69) könnten als symbolische Darstellung der beiden Töchter gedeutet werden.
- Kubitscheks blühender, duftender und wuchernder Garten (S. 83) wirkt ein bisschen wie das Paradies.
- Der »als Frau verkleidete Mann« (S. 143), der beim FFC-Vereinsfest moderiert, lässt Bezüge zu Geschlechterrollen-Stereotypen zu, mit denen Fußballerinnen konfrontiert sind.
- Jos Erkenntnis, »dass es Dinge gab, die nicht mehr gutzumachen waren« (S. 165), verdeutlicht, dass sie erwachsen wird.
- Die Namensähnlichkeit von Ron und Ronaldo ist sicher nicht zufällig, sondern lässt sich als ironische Brechung von Jos Idol auffassen.

Auch einige *Personifikationen* lassen sich finden:

- »Eine fiese Abendsonne schien herein und ließ den Küchenschrank orangerot leuchten.« (S. 47)
- Die Thujahecke ist »wie eine böse schwarze Wand« (S. 56), findet Jos Vater.

Typisch für den Schreibstil von Martina Wildner ist, dass die Autorin einige *fantastische Elemente* in ihren Roman einbaut, die auch teilweise am Ende offen bleiben und nicht rational erklärt werden können:

- Für Jo ist rätselhaft, dass der »FLY HIGH«-Schriftzug auch in ihrer Blau-Weiß-Kabine auftaucht. Später im Roman wird dann angedeutet, dass die Schiedsrichterin Luca dafür verantwortlich ist.
- Eine unheimliche Situation entsteht, als Betty Jo von ihrem Brasilientraum erzählt (S. 20) und da schon Piranhas erwähnt, die im späteren Verlauf des Romans noch besonders wichtig werden.
- Jo sieht die »fast etwas unnatürliche« Flugbahn des Balles und spürt aus Kubitscheks Garten »die geheimnisvolle Kraft, die den Ball anzog« (S. 80).
- Das Monster, dem Jo in Kubitscheks Garten begegnet (S. 84), stellt sich als Kubitschek mit Amazonasmaske heraus (S. 88).
- Kubitschek lässt den Ball auf seinen Fingern unendlich lange drehen (S. 87).
- Kubitschek kennt alles über Fußball, »alle Ligen weltweit«, und zwar die vergangenen Spiele, die gegenwärtigen und die zukünftigen (S. 182 f.), und sagt ihre große Karriere bis zur Nationalspielerin voraus. Auf seinen vielen Bildschirmen im Haus laufen pausenlos Fußballspiele. Kubitschek wird vom Möbelpacker-Chef Gabriel, vermutlich ein Anklang an Erzengel Gabriel, als Fußballgott bezeichnet, der, quasi als *deus ex machina*, über Jos Karriere wacht.
- Aus dem Himmel fliegt ein besonderer Ball zu Jo (S. 219), Ahmed vermutet, er käme vom Fußballgott.

DEUTUNGSPERSPEKTIVEN

»Der Himmel über dem Platz« lässt mehrere Deutungen zu.

Zum einen zeigt Martina Wildners Roman, dass die Phase der beginnenden Pubertät für Kinder mit großen Herausforderungen und neuen eigenen Entscheidungen und Wegen verbunden ist. Vor allem Jo wird im Verlauf der Handlung immer erwachsener. Sie muss sich, ausgelöst durch den Vereinswechsel, mit starken Herausforderungen auseinandersetzen. Dass sie von ihren Teamkameraden ausgeschlossen wird, belastet sie genauso wie die Tatsache, dass sich auch ihre bisherigen Mitspielerinnen von ihr abwenden. Darüber hinaus interessiert sie sich für den rätselhaften Ron, der sich dann aber als neuer Tanzpartner und Schwarm ihrer Schwester herausstellt. Schwierig ist für sie auch, ihr Leben mit den getrennt lebenden Elternteilen in Balance zu halten. Bei beiden fühlt sie sich nicht hundertprozentig wohl, sowohl ihre Mutter als auch ihr ehrgeiziger Vater, der an seinem eigenen Leben zu knapsen hat, scheinen mit Jos Bedürfnis nach Unterstützung und Akzeptanz überfordert zu sein. Doch Jo schafft es mit Beharrlichkeit und mit der Unterstützung ihrer Mitmenschen, durch eigenes Handeln die Probleme zu überwinden und einen guten Weg für sich zu finden. Insofern kann man das Buch auch als eine Art Entwicklungsroman lesen.

Jos Geschichte zeigt auch, wie stark Geschlechterrollenstereotype wirken, wie groß die immer noch bestehenden Diskriminierungen für Frauen und Mädchen sind und wie sehr ein Mädchen gefordert ist, wenn es in einer traditionellen Männersportart Karriere machen will. Jo steht zwischen den gesellschaftlichen Erwartungen an ein Mädchen und ihren eigenen Wünschen und Zielen. Die Jungengemeinschaft ihres neuen Teams ist wie ein Schwarm Piranhas, so stellt es Jos Freundin Betty treffend fest. Aber auch einige Eltern verkörpern die gesellschaftliche Ablehnung von starken Mädchen plastisch. Jo gelingt es am Ende, mit Leistung zu überzeugen und das erste Mädchen zu werden, das im neuen Verein sogar Nationalspielerin wird.

Gleichzeitig wird sichtbar, dass jeder Mensch Stärken und Schwächen hat. Martina Wildner konzipiert nahezu alle Figuren mit dieser Breite und Tiefe. Jo kann sehr gut Fußball spielen, ist aber kein Ass in der Schule. Fabienne als beste Fußballfreundin ist mitfühlend, entfernt sich aber immer stärker von Jo. Ron grenzt Jo einerseits aus, hilft ihr aber in größter Not völlig selbstverständlich. Betty unterstützt Jo in vielfältiger Hinsicht, lenkt sie aber auch im Unterricht ab. Auch die erwachsenen Figuren sind mit Stärken und Schwächen versehen: Jos Vater unterstützt sie, ist aber zu ehrgeizig, um von seinem eigenen Lebensversagen abzulenken. Jos Mutter ist stark im Gespräch, weicht aber Konflikten zuweilen aus. Und auch der engagierte Trainer Jurek ist einerseits ein gutes Vorbild für sein Team, andererseits aber zuweilen mit den widerstrebenden Kräften, vor allem von Niclas, überfordert.

Herr Kubitschek, der eine außergewöhnliche Rolle im Roman spielt, wirkt quasi als *deus ex machina*. Er wacht über Jo, ohne dass sie es merkt, und sieht ihre erfolgreiche Zukunft voraus, was Jo sehr erschreckt.

»Der Himmel über dem Platz« ist schließlich auch ein engagiertes Plädoyer gegen jegliche Form von Mobbing. Niclas hat mit seiner Strategie, Jo zu beleidigen, zu bedrohen und auch körperlich anzugreifen, letztlich keinen Erfolg. Trotzdem wird sichtbar, wie sehr die anderen Mitspieler unter seinem herrschsüchtigen Charakter leiden.

METHODENKISTE

Die folgende »Methodenkiste« ist als Ideen-Pool zur Planung einer Unterrichtseinheit zum Roman »Der Himmel über dem Platz« gedacht. Sie verbindet anzustrebende Kompetenzen im Deutschunterricht mit möglichen Textumgangsweisen in einem Unterricht zum Roman. Dabei beziehen wir uns auf die von der Kultusministerkonferenz (KMK) verabschiedeten »Bildungsstandards für das Fach Deutsch für den Mittleren Bildungsabschluss«, die die verbindliche Grundlage für alle in den Ländern zu entwickelnden Lehr- und Bildungspläne in der Sekundarstufe I darstellen.

In der rechten Spalte geben wir jeweils mögliche Beispiele für eine konkrete Umsetzung im Unterricht. Hier finden sich auch Verweise zu den

Kopiervorlagen und Infoblättern in diesem Heft. Zahlreiche methodische Möglichkeiten sprechen mehrere Bildungsstandards an. Wir haben uns zum Zwecke der Übersichtlichkeit jeweils für einen Bildungsstandard des Bereiches 3.3 (»Lesen – mit Texten und Medien umgehen«) entschieden. Häufig lassen sich auch evidente Bezüge zu den Bildungsstandards der anderen Bereiche herstellen.

Darüber hinaus stehen die vorgeschlagenen Methoden in Verbindung mit einem fächerübergreifenden Ansatz (v.a. mit Sport, Gemeinschaftskunde, Ethik, Religion oder anderen Fächern), den Sie je nach Klassensituation, Vorwissen und Interessen der Schüler_innen modifizieren können.

Bildungsstandards	Methoden	Beispiele
→ Verschiedene Lesetechniken beherrschen		
• Über grundlegende Lesefertigkeiten verfügen: flüssig, sinnbezogen, überfliegend, selektiv, navigierend lesen	• Ein Kapitel bzw. eine besonders wichtige oder spannende Stelle vorlesen und/oder digital aufzeichnen • Die Auswahl individuell begründen	• Schwarz : Weiß (Kap. 3) • Textstellen nach Wahl
	• Einen Textausschnitt mit verteilten Rollen lesen	• Gespräch zwischen Jo – Luca in der Kabine (Kap. 18)
	• Bestimmte Textinhalte auffinden	• Mit dem Zeilometer arbeiten → **k.1** • Romananfang (Kap. 1/2) → **k.2** • Zitate der Figuren (Kap. 10–13) → **k.5** • Nur zwei Richtungen (Kap. 21–23) → **k.8**
→ Strategien zum Leseverstehen kennen und anwenden		
• Leseerwartungen und -erfahrungen bewusst nutzen	• Eine Mindmap / einen Cluster mit Assoziationen erstellen (Impulse durch Titel, Umschlagbild, Umschlagtext, Autor_in); damit einhergehend eine Leseerwartung aufbauen, Vorwissen aktivieren; ein Lesemotiv formulieren	• Fußball • Leistungssport und Karriere • Freundschaft • Mobbing
	• Bezüge zur eigenen Lebenswirklichkeit herstellen	• Ehrlichkeit (Kap. 6–9) → **k.4** • Peinliche Situationen (Kap. 14–17) → **k.6** • Seltsame Begegnungen (Kap. 18–20) → **k.7**
• Textschemata erfassen, z.B. Textsorte, Aufbau des Textes	• Die Erzählkonstruktion analysieren	• Äußere und innere Handlung
• Verfahren zur Textstrukturierung kennen und selbstständig anwenden	• Wesentliche Textstellen kennzeichnen	• Jo als Außenseiterin (Kap. 1/2) → **k.2** • Die Figuren (Kap. 1–5) → **k.3** • Jos Gefühle und Stimmungen (Kap. 3–5) → **k.3** • Herr Kubitschek (Kap. 18–20) → **k.7** • Beziehung Jo – ihr Vater (ganzer Roman) → **k.9** • Niclas' Mobbingattacken (ganzer Roman) → **k.9**
	• Den Text gliedern	• Stichwörter ordnen (Kap. 6–9) → **k.4** • Tabellarische Kapitelübersicht → **i.5**
	• Kapitel- bzw. Abschnittsüberschriften formulieren	• Alternative Überschriften zu einzelnen bzw. allen Kapiteln verfassen (vgl. → i.5)
	• Fragen aus dem Text ableiten	• Wie kann man mit eigenen Karrierewünschen umgehen? • Hat das Buch ein Happy End? → **k.8**
	• Bezüge zwischen Textteilen herstellen	• Jos Gefühle (Kap. 3–5) → **k.3** • Herr Kubitschek (Kap. 18–20) → **k.7** • Bei Blau-Weiß bleiben? (Kap. 21–23) → **k.8**
• Verfahren zur Textaufnahme kennen und nutzen	• Texte und Textabschnitte stichwortartig zusammenfassen	• Mindmap/Steckbrief zu den Hauptfiguren (Kap. 1–5) → **k.3** • Jos Gefühlsleben (Kap. 3–5) → **k.3** • Herr Kubitschek (Kap. 18–20) → **k.7** • Beziehungskurve Jo – Jos Vater (ganzer Roman) → **k.9**

Bildungsstandards	Methoden	Beispiele
	• Eine Inhaltsangabe mithilfe von Satzstreifen oder anderen Hilfsmitteln erstellen	• Lückentext (Kap. 1/2) → k.2 • Eine eigenartige Bewegung (Kap. 6–9) → k.4 • Satzteile (Kap. 18–20) → k.7
	• Eine wichtige Textstelle visualisieren	• Die Hauptfiguren (Kap. 1–5) → k.3 • Standbilder: Jo, Niclas und Ron (Kap. 3–5) → k.3 • Das Haus und der Garten von Jos Vater (Kap. 1/2) → k.2 • Eine Szene als Comic oder Fotostory (Kap. 10–13) → k.5 • Rollenspiel (Kap. 18–20) → k.7
	• Zu vorgegebenen Antworten Fragen verfassen	• Wichtiger als das Gewinnen (Kap. 3–5) → k.3
	• Fragen zum Text beantworten	• Happy End? (Kap. 21–23) → k.8 • Mobbingaktionen (Kap. 1–23) → k.9
	• Einen Lückentext bearbeiten	• Der Vereinswechsel (Kap. 1/2) → k.2 • Die Quelle des Amazonas (Kap. 18–20) → k.7 • Sätze vervollständigen (Kap. 21–23) → k.8
	• Aussagen am Text überprüfen	• Dieser eine Move (Kap. 14–17) → k.6
	• Aussagen erklären und konkretisieren	• Eine eigenartige Bewegung (Kap. 6–9) → k.4 • Telefonat mit Fabienne (Kap. 6–9) → k.4 • Rons Geheimnis (Kap. 14–17) → k.6 • Mobbing (Kap. 1–23) → k.9
	• Stichwörter formulieren und damit ein Kapitel nacherzählen	• Eine eigenartige Bewegung (Kap. 6–9) → k.4
→ Literarische Texte verstehen und nutzen		
• Ein Spektrum altersangemessener Werke – auch Jugendliteratur – bedeutender Autorinnen und Autoren kennen	• Leben und Werk der Autorin kennenlernen	• Die Autorin Martina Wildner → i.1 • Interview mit Martina Wildner → i.2
• Zentrale Inhalte erschließen	• Ein Unterrichtsgespräch zum Text anhand von Leitfragen führen	• Jo als doppelte Außenseiterin (Kap. 1/2) → k.2 • Warum fällt es so schwer, sich gegen Niclas' Mobbingattacken zu wehren? (Kap. 1–23) → k.9
	• Einsatz anderer Medien / inhaltlich entsprechend orientierter Zusatztexte zur Erarbeitung der Romanthemen	• Filme, Radiobeiträge, Zeitschriftenartikel und Internetquellen zu den Themen des Romans
• Wesentliche Elemente eines Textes erfassen, z. B. Figuren, Raum- und Zeitdarstellung, Konfliktverlauf	• Den zeitlichen Verlauf des Romans erarbeiten und darstellen	• Kapitelübersicht zum Roman → i.5 • Niclas' Mobbingattacken (ganzer Roman) → k.9
	• Eine Figurenkonstellation / ein Soziogramm erarbeiten	• Figurenkonstellation → i.4 • Grafische Umsetzung der Figurenkonstellation
	• Die Beziehung zwischen Figuren herausarbeiten	• Jo und Fabienne (Kap. 6–9) → k.4 • Jo und ihre Mitspielerinnen und Mitspieler (Kap. 1/2) → k.5 • Jos Begegnung mit Herrn Kubitschek (Kap. 10–13) → k.5 • Jo und Ron (Kap. 14–17) → k.6 • Beziehung Jo – ihr Vater (ganzer Roman) → k.9 • Mobbingattacken (ganzer Roman) → k.9
	• Figuren charakterisieren	• Mindmap und Steckbrief zu den Hauptfiguren (Kap. 1–5) → k.3 • Jos Gefühlsleben (Kap. 4) → k.3 • Interview mit einer Hauptfigur → k.9
	• Handlungsräume analysieren, auch hinsichtlich der Symbolik	• Sportplatz als Ort des Wettbewerbes und Kampfes • Kubitscheks Garten als Paradies • Die Mauer am Flughafen als Ort der Entscheidung

Bildungsstandards	Methoden	Beispiele
• Wesentliche Elemente eines Textes erfassen (Forts.)	• Ein Thema bzw. Motiv über den ganzen Roman hinweg verfolgen	• Niclas' Mobbingattacken (ganzer Roman) → **k.9** • Freundschaft • Benachteiligung von Mädchen
	• Den Konfliktverlauf zwischen Figuren grafisch bzw. verbal darstellen	• Jo und ihre Mitspielerinnen und Mitspieler (Kap. 1/2) → **k.8** • Beziehungskurve Jo – ihr Vater → **k.9**
• Wesentliche Fachbegriffe zur Erschließung von Literatur kennen und anwenden	• Die Erzählperspektive wechseln: eine Textstelle aus anderer Perspektive erzählen	• Das erste Training bei Blau-Weiß aus Niclas' Perspektive (Kap. 1/2) • Die Begegnung am Spielplatz aus Rons Perspektive (Kap. 15)
	• Äußere und innere Handlung unterscheiden	• Jos Gefühle (Kap. 4) → **k.3** • Begegnung am Spielplatz (Kap. 15) → **k.6**
	• Leerstellen des Romans füllen	• Der Anruf von Jos Mama beim Keyboardlehrer (Kap. 3) • Gespräch zwischen Kubitschek und Gabriel (Kap. 22)
	• Den Spannungsverlauf untersuchen / eine Spannungskurve erstellen	• Das erste Training bei Blau-Weiß (Kap. 1) • Jo in Kubitscheks Garten (Kap. 10) • Spannungskurve zum gesamten Roman
	• Einen inneren Monolog einer Figur verfassen	• Jos Vater schaut beim ersten Training zu (Kap. 1) • Tagebucheinträge der Figuren am Romanende
• Sprachliche Gestaltungsmittel in ihren Wirkungszusammenhängen und in ihrer historischen Bedingtheit erkennen, z. B. Wort-, Satz- und Gedankenfiguren, Bildsprache (Metaphern)	• Die Namen von Figuren oder Schauplätzen unter die Lupe nehmen	• Ron • Kubitschek und Gabriel • Luca
	• Sprachliche Bilder/Metaphern und mögliche Symbole im Text erkennen, ihre Bedeutung verstehen und über ihre Leistungen diskutieren	• Vergleiche und Metaphern im Roman auffinden (ganzer Roman) • Eigene Vergleiche verfassen (ganzer Roman)
	• Redeformen (Figurenrede, Erzählerrede) identifizieren	• Zitate der Figuren (Kap. 14–17) → **k.5** • Comic oder Fotostory (Kap. 14–17) → **k.5** • Glas gegen Kopf: Rollenspiel → **k.7**
	• Stilaspekte untersuchen	• Jugendsprachliche Ausdrücke • Rückblenden auffinden: Jos Sportkarriere (Kap. 2) • Dialekt (Kap. 6–9) → **k.4**
• Eigene Deutungen des Textes entwickeln, am Text belegen und sich mit anderen darüber verständigen	• Eine kontroverse Diskussion zu bestimmten Aspekten oder Figuren führen	• Bei Blau-Weiß bleiben? (Kap. 21–23) → **k.8** • Sind die Hauptfiguren mir sympathisch? (Kap. 1–5) → **k.3** • Umgang mit Mobbing (ganzer Roman) → **k.9**
	• Mittels Alter-Ego-Technik die möglichen Gedanken von Figuren darstellen	• Das FFC-Training und das erste Training bei Blau-Weiß (Kap. 1/2) • Rollenspiel in Alter-Ego-Methode
	• Den Spannungs- bzw. Stimmungsbogen des Romans / eines Kapitels grafisch darstellen	• Stimmungskurve von Jo (Kap. 3–5) → **k.3** • Spannungskurve zum ganzen Roman
	• Eine Rezension zum Roman verfassen	• Rezensionen im Internet recherchieren • Eine eigene Rezension verfassen
• Analytische Methoden anwenden	• Den Inhalt eines Textabschnitts rekonstruieren und wiedergeben	• Eine eigenartige Bewegung (Kap. 6–9) → **k.4** • Rons Geheimnis (Kap. 14–17) → **k.6** • Ein dramatisches Wochenende (Kap. 18–20) → **k.7**
	• Den antizipierten und realen Handlungsverlauf vergleichen	• Begegnung mit Ron auf dem Spielplatz (Kap. 15) • Es klopft an der Kabine (Kap. 18)
	• Untersuchen, wie im Text Spannung erzeugt wird	• Jos Herausforderungen (ganzer Roman) • Prolepsen (ganzer Roman) • Spannungskurve zum Roman

Bildungsstandards	Methoden	Beispiele
	• Ein Kapitel mit einem subjektiven »Untertext« versehen	• Kauf der Fußballschuhe und Ron (Kap. 13) → **k.5** • Bei Kubitschek im Haus (Kap. 20)
	• Handlungsmotive einer Figur herausarbeiten	• Außenseiterin (Kap. 1/2) → **k.2** • Die Hauptfiguren (Kap. 1–5) → **k.3** • Jos Gefühle (Kap. 3–5) → **k.3** • Das Telefonat mit Fabienne (Kap. 9) → **k.4** • Mobbing (ganzer Roman) → **k.9**
	• Textstellen interpretieren und mit eigenen Worten erklären	• Eine eigenartige Bewegung (Kap. 6–9) → **k.4** • Niclas' Mobbingattacken (ganzer Roman) → **k.9**
	• Den thematischen Hintergrund des Romans erhellen	• Leistungssport und Breitensport • Mädchenfußball • Berühmte Fußballerinnen und Fußballer → **k.5** • Freundschaft • Patchwork-Familie
	• Eine gemeinsame Reflexion der Lektüre durchführen	• Feedback-Bogen → **k.10** • Bei einem Abschlussgespräch Einschätzungen und Bewertungen austauschen
• Produktive Methoden anwenden	• Ein eigenes Lesetagebuch bzw. einen Leseordner zum Roman führen	• Individuelle Einträge • Eigenes Cover gestalten während bzw. nach der Lektüre
	• Einen Comic oder eine Fotostory zu einem Kapitel des Romans erstellen	• Bei Kubitschek (Kap. 10–13) → **k.5** • Eskalation auf dem Platz (Kap. 18)
	• Einen Steckbrief zu einer Figur erstellen	• Jo, Niclas und Jos Vater (Kap. 1–5) → **k.3** • Herr Kubitschek (Kap. 20) → **k.7**
	• Ein fiktives Interview mit einer Figur führen	• Interviews mit den Figuren am Ende des Romans → **k.9**
	• Einen fiktiven Dialog zwischen Romanfiguren verfassen	• Katrina lernt Ron kennen (Kap. 8) • Jo trifft Niclas noch einmal (Kap. 23)
	• Gedanken und Gefühle der Figuren imaginieren	• Jo als Außenseiterin (Kap. 1/2) → **k.2** • Jos Gefühlswert (Kap. 3–5) → **k.3** • Bei Herrn Kubitschek als Comic/Fotostory (Kap. 10) → **k.5**
	• Den Roman weiterdenken und -schreiben	• Alternativer Romanschluss (Kap. 23) → **k.8**
	• Eine Textstelle weiterschreiben	• Jo spricht mit Mama Ahmed (Kap. 7) • Jo weckt Katrina und spricht mit ihr (Kap. 17)
	• Eine Textstelle umschreiben	• Jo wehrt sich gegen Niclas und wendet sich an Jurek (Kap. 9) • Jo spricht Ron im Buchladen an (Kap. 13)
	• Standbilder prägnanter Szenen darstellen und erraten lassen	• Jo und Niclas bzw. Jo und Ron (Kap. 3–5) → **k.3** • Abends im Garten von Kubitschek (Kap. 10)
	• Einen Brief einer Figur an eine andere Figur verfassen	• Rons Brief an Jo (Kap. 21–23) → **k.8** • Niclas entschuldigt sich bei Jo • Jo schreibt an Fabienne
	• Einen Brief an eine Figur verfassen	• An Jo nach dem ersten Training (Kap. 1) • An eine Hauptfigur am Ende des Romans
	• Zu einem Kapitel einen Tagebucheintrag verfassen	• Jos Erkenntnis (Kap. 17) → **k.6** • Rons Vater nach der Musical-Aufführung (Kap. 22)
	• Eine Ich-Erzählung einer Figur verfassen	• Der Weg zu Blau-Weiß aus der Sicht von Jos Vater (Kap. 1/2) • Die Gewitterbegegnung aus Rons Sicht (Kap. 21) • Ron oder Katrina erzählen über die vergangenen Wochen (ganzer Roman)

Bildungsstandards	Methoden	Beispiele
• Produktive Methoden anwenden (Forts.)	• Eine Reportage bzw. einen Zeitungsbericht über eine Textstelle verfassen	• Jo möchte in der Nationalmannschaft spielen / Karriere mit Hindernissen • Jo und Ron: Zwei Jugendliche, die ihr Ding machen
	• Ein literarisches Rollenspiel z. B. zu einer Szene durchführen	• Die Eskalation (Kap. 18) → **k.7** • Jo bei Herrn Kubitschek (Kap. 20)
	• Einen Handlungsort oder eine Szene malen, zeichnen oder nachbauen	• Das Haus und der Garten von Jos Vater (Kap. 1/2) → **k.2** • Im Haus von Kubitschek (Kap. 20)
	• Eine thematische Aktion durchführen	• Gleichberechtigung und Diskriminierung • Kampf gegen Mobbing
	• Ein Rätsel zu einem Kapitel oder zum Roman erstellen bzw. lösen	• Kreuzworträtsel • Silbenrätsel (Kap. 1/2) → **k.2**
	• Ein alternatives Titelbild erstellen	• Bildmaterial über Bildagenturen • Als Cover für das Lesetagebuch
	• Ein Plakat bzw. eine Collage zum Buch erstellen	• Mit Zeichnungen, Zeitschriftenausschnitten, Textzitaten etc.
	• Ein Hörspiel verfassen	• Schwuchtel-Ronaldo (Kap. 8) • In Kubitscheks Garten (Kap. 10) • Das Gespräch im Vereinsheim (Kap. 21)
	• Ein Gedicht zu einem Kapitel verfassen	• Außenseiter_in sein • Glaub' an dich! • Entweder aus der Perspektive einer Figur (lyrisches Ich) oder aus der eines allwissenden Autors
• Handlungen, Verhaltensweisen und Verhaltensmotive bewerten	• Sympathie/Antipathie zu den Figuren thematisieren	• Sympathiekurven zu Figuren erstellen • Erster Eindruck von Jo, Niclas, Jos Vater (Kap. 1–5) → **k.3** • Figuren nach Sympathie ordnen → **k.10**
	• Zu den Romanfiguren Stellung beziehen, ihr Verhalten und Handeln bewerten und kommentieren	• Jo als Außenseiterin (Kap. 1/2) → **k.2** • Jos Gefühlsleben (Kap. 4) → **k.3** • Das Telefonat mit Fabienne (Kap. 9) → **k.4** • Einkaufen und Ron (Kap. 13) → **k.5** • Peinliche Begegnung (Kap. 15) → **k.6** • Niclas' Mobbingattacken (ganzer Roman) → **k.9**
→ Sach- und Gebrauchstexte verstehen und nutzen		
• Hintergrundinformationen suchen, verstehen, auswerten und vergleichen	• Eine Collage erstellen	• Gleichberechtigung und Diskriminierung • Leistungssport • Mobbing (ganzer Roman) → **k.9**
→ Medien verstehen und nutzen		
• Informationsmöglichkeiten nutzen	• Internet- und Buchrecherche zu Themen des Romans	• Berühmte Fußballer_innen (Kap. 13) → **k.5** • Mobbing (ganzer Roman) → **k.9**
• Medien zur Präsentation und ästhetischen Produktion nutzen	• Powerpoint-Präsentationen bzw. Hypertexte erarbeiten, vorstellen und reflektieren	• Leistungssport • Sprachbilder im Roman

Vorschlag für eine Unterrichtseinheit

u.6

Jede Unterrichtseinheit zu einem Jugendroman nimmt sinnvollerweise Bezug auf die konkreten Lernvoraussetzungen Ihrer Schüler_innen, aber auch auf Ihre eigenen Erfahrungen und Planungsziele. Wir möchten Ihnen hier ein Grobraster für eine Unterrichtseinheit zu »Der Himmel über dem Platz« vorstellen, das nach dem Grundsatz »erschließend, nicht erschöpfend« vorgeht. Die Einheit besteht, unterstützt durch die Infoblätter und Kopiervorlagen aus diesem Heft, aus vier unterschiedlichen Modulen:

- Modul A: Den Roman lesen und erarbeiten
- Modul B: Thematische Aspekte bearbeiten
- Modul C: Projektorientiert mit dem Roman arbeiten
- Modul D: Die Lektüre reflektieren

Empfehlenswert ist der Einsatz eines Lesetagebuchs bzw. Leseordners. Hier finden eigene Gedanken und Notizen, aber auch im Unterricht erarbeitete Aspekte Platz und können immer wieder nachgeschlagen werden. Somit ist eine Sicherung der Ergebnisse gewährleistet. Außerdem bietet ein Lesetagebuch bzw. Leseordner den Vorteil, dass sich die Schüler_innen je nach ihren Interessen darin vertiefen können. Zusätzlich können die Arbeitsblätter darin abgelegt werden, sodass nach und nach ein persönliches »Lektürebuch« entsteht, das am Ende der Einheit als Grundlage für die individuelle Reflexion und auch für die Bewertung von Schülerleistungen genutzt werden kann.

Einstiegssequenz
(2–4 Unterrichtsstunden)

- Gemeinsames Betrachten des Buchcovers, Vermutungen zu Titel und Titelbild anstellen (Schauplatz, Zeit, Figur)
- Assoziationen zum Umschlagtext stichwortartig auf einem Plakat als Mindmap sammeln und in der Klasse aufhängen
- Erstellen eines Zeilometers (→ **k.1**)
- Ein Lesetagebuch oder einen Leseordner anlegen (Titelbild selbst gestalten, Anlegen eines Inhalts- und Figurenverzeichnisses, Informationen zur Autorin)
- Kapitel-Nummern im Buch eintragen (1 bis 23)
- Gemeinsames Lesen von Kapitel 1 und 2; Annäherung an die Hauptfiguren Jo, ihr Vater, ihre Mutter, Jurek und Betty

Modul A: Den Roman lesen und erarbeiten

- Lektüre der Erzählung teils häuslich (z.B. mit Notizen ins Lesetagebuch / in den Leseordner oder ins Deutschheft), teils im Unterricht (Vorlesen durch Lehrer_in und Schüler_innen, stille/freie Lesephasen)
- Schwerpunktmäßige Bearbeitung des Romans mithilfe der Kopiervorlagen → **k.2** bis **k.9**
- Weitere Anregungen aus der »Methodenkiste« in diesem Heft → **u.5**

Modul B: Thematische Aspekte bearbeiten

- Weiterführende Quellen und Materialien z.B. zu den Themen Geschlechterrollen, Gleichberechtigung und Diskriminierung, Fußball und Mobbing (auch im fächerübergreifenden Unterricht)
- Präsentation der Arbeitsergebnisse, z.B. durch Plakatvortrag, Powerpoint-Präsentation, Wandzeitung, Rollenspiel oder andere Formen

Modul C: Projektorientiert mit dem Roman arbeiten

- An unterschiedlichen, selbst gewählten Themen in Einzel-, Partner- bzw. Gruppenarbeit arbeiten
- Bearbeitung der Kopiervorlagen, die nicht in Modul A und B eingesetzt wurden
- Weitere Anregungen aus der »Methodenkiste« in diesem Heft → **u.5**
- Präsentation von Arbeitsergebnissen (s.o.)

Modul D: Die Lektüre reflektieren

- Präsentation von Arbeitsergebnissen aus den Lesetagebüchern bzw. Leseordnern
- Verfassen einer Rezension zum Roman (z.B. als Lernzielkontrolle)
- Abschließendes Gespräch über die subjektiven Leseeindrücke und Bewertungen der Schüler_innen anhand des Feedback-Bogens (→ **k.10**)

Infoblätter

© privat

i.1 DIE AUTORIN MARTINA WILDNER

Martina Wildner wurde am 11. September 1968 in Obergünzburg (Ostallgäu) geboren und wuchs in Leuterschach auf. Schon mit drei Jahren entdeckte die Linkshänderin ihre kreative Ader. Sie zeichnete und malte ununterbrochen. Mit zehn Jahren gewann sie einen ersten Preis für ein Bild. Fünf Jahre später folgte erneut ein erster Platz – sie gewann den 400-Meter-Lauf bei den Internationalen Bodenseemeisterschaften. 1987 machte sie Abitur im Gymnasium Marktoberdorf.Nach diversen Praktika bei Bildhauern im Allgäu und einer ausgedehnten Orientreise begann Martina Wildner ein Studium der Islamwissenschaften. Der Golfkrieg zerstörte allerdings ihre Zukunftspläne als Orientalistin.

Ab 1991 wandte sie sich wieder der Kunst zu und legte ihr Diplom in Grafikgestaltung in Nürnberg ab. Als Werbegrafikerin scheiterte sie jedoch eigenen Angaben zufolge kläglich am Agenturleben. Bei dem Versuch, als Illustratorin Fuß zu fassen, lernte sie dann 1996 Hans-Joachim Gelberg vom Verlag Beltz & Gelberg kennen, der sich allerdings weniger für ihre Bilder interessierte als für ihre Texte, die sie seit 1994 nebenbei schrieb.

Ermutigt fasste sie den Vorsatz, einmal 100 Seiten am Stück zu schreiben, und hatte bald »Liebe Isolde!« verfasst, eine Geschichte, die zunächst als Fortsetzungsroman für das Kindermagazin DER BUNTE HUND konzipiert war und dann als Buch bei Beltz & Gelberg erschien. Sofort anschließend schrieb sie die Geschichte »Jede Menge Sternschnuppen«, für die sie den Peter-Härtling-Preis der Stadt Weinheim des Jahres 2002 erhalten hat. Zuletzt erschienen ihre Romane »Six«, »Die Königin des Sprungturms« (Deutscher Jugendliteraturpreis) sowie die schaurigen Abenteuer mit Hendrik, Eddi und Ida: »Das schaurige Haus« (nominiert für den Deutschen Jugendliteraturpreis, Verfilmung), »Die Krähe am unheimlichen See« und »Dieser verfluchte Baum«. Ihr neuester Roman »Der Himmel über dem Platz« erschien im Frühjahr 2021.

Martina Wildner ist inzwischen mit ihrer Jugendliebe verheiratet, hat drei Töchter und lebt in Berlin.

Mehr Informationen unter http://www.martina-wildner.de

INTERVIEW MIT MARTINA WILDNER: »WAS WÄRE DAS BUCH OHNE KUBITSCHEK?«

Autorin Martina Wildner über ihre Idee zu »Der Himmel über dem Platz«, ihre Lieblingsszene und das Happy End

Frau Wildner, spielen Sie selbst gerne Fußball und glauben Sie an den Fußballgott?

Fußball spiele ich nicht, aber ich hatte mir vor ein paar Jahren vorgenommen, zu meinem 50. Geburtstag 50-mal mit dem Fuß jonglieren zu können. Das habe ich geschafft. Mein Rekord liegt bei 211. Außerdem habe ich gelernt, mit dem Vollspann und Ecken zu schießen.

An den Fußballgott glaube ich nicht, eher an einen »allgemeinen«.

Wie viel von der jugendlichen Martina Wildner steckt in Jolanda?

Ich habe in der Jugend Leichtathletik gemacht, 400 m, 800 m, Staffel, Hürden, Crosslauf. Ich hielt mich nie für gut genug, andererseits hätte ich gern Sport auf höherem Niveau betrieben. Aber irgendwas hat mich von diesem Weg abgebracht. Ich bin mir nicht sicher, ob ich ausgehalten hätte, was Jo aushalten muss.

Wie entstand die Idee zu »Der Himmel über dem Platz«?

Zwei meiner Töchter spielen Fußball. Da kriegt man viel mit und daraus speisen sich auch meine Fachkenntnisse. Die allgemeine Fußballtrainer_innenmeinung ist, dass Mädchen möglichst lange mit Jungen spielen sollen. Ich sehe zwar den Sinn dahinter, trotzdem halte ich die Forderung für schwierig, vor allem aus psychologischer Sicht. In keiner anderen Sportart wird dies gefordert. Kein Junge soll zum Beispiel beim Turnen bei einer Bodenkür gegen Mädchen antreten, um »mehr Anmut« zu lernen. Männliches Bodenturnen ist ganz klar ein anderer Stil mit anderen Anforderungen. Auch im Handball käme niemand darauf, Mädchen mit Jungen spielen zu lassen. Im Gegenteil wird für Schulen ja immer mal wieder gefordert, der Unterricht in den Naturwissenschaften solle getrenntgeschlechtlich ablaufen, damit die Mädchen ohne die Konkurrenz zu den Jungen besser gefördert werden können. Das ist das absolut gegenteilige Konzept.

Ich habe in dieser Zeit viel über Fußball nachgedacht und wollte genau über diese Problematik schreiben.

Wie kamen Sie auf die Idee, mit Herrn Kubitschek als Fußballgott eine besondere mysteriöse Note in die Geschichte zu bringen?

Der Kubitschek war von Anfang an da. Er taucht ja auch im Buch früh auf; er hatte immer seinen Platz. Ich liebe mysteriöse Elemente und ich bin immer auf der Suche nach Transzendenz. Nach etwas, das über unser schnödes, normales Leben hinausreicht. Einige Kritiker_innen können den Sinn vom Kubitschek nicht verstehen. Aber was wäre das Buch ohne ihn? Wozu die Hecke? Wozu sein Garten? Und Jo braucht ja auch einen Beschützer!

Jos Durchhaltevermögen wird am Ende ja belohnt, mit der Nominierung in die Jugend-Nationalmannschaft. Ist das für Sie ein hundertprozentiges Happy End?

Es ist ein vorläufiges. Dass man einmal für ein Spiel in der Nationalmannschaft nominiert wird, heißt ja bei weitem nicht, dass man dort auch bleibt.

Sie erzählen die Geschichte aus Jolandas Ich-Perspektive. Wäre für Sie auch eine andere Erzählperspektive denkbar gewesen?

Mit der Ich-Perspektive bin ich meinen Helden sehr nah. Ich stelle mich nicht gern über sie. Über eine andere Perspektive habe ich bei diesem Buch nie nachgedacht.

Würden Sie Ihrer Tochter raten, als Mädchen in eine Jungenmannschaft zu gehen?

Beide meiner Fußball spielenden Töchter waren/ sind in Jungsmannschaften. Ob es funktioniert, hängt von vielen Dingen ab. Erstens spielt da Alter eine wichtige Rolle: Jo ist in der Pubertät, da ist so ein Wechsel schwierig. Am leichtesten ist es, wenn ein Mädchen von Anfang an bei Jungen spielt. Es kommt auch auf den Trainer an und auf die Struktur der Mannschaft. Es gibt deutlich nettere Jungsmannschaften als die, in die Jo gerät. Und natürlich hängt es vom Mädchen selber ab. Jo neigt zum Grübeln, das ist immer ungünstig, wenn man mit Jungs zu tun hat (es ist auch sonst nicht vorteilhaft). Mit Sicherheit gibt es schlagfertigere, unbekümmertere, unempfindlichere Mädchen.

Von meinem Gefühl her würde ich eher abraten, wenn man den Leistungsaspekt in den Vordergrund stellt, kann es sinnvoll sein. Man muss es ausprobieren.

Stand für Sie das Romanende von vornherein fest? Oder hatten Sie auch andere Versionen im Kopf?

Ich wollte auf jeden Fall ein positives Ende. Oft habe ich überlegt, ob Jo nicht in die Mädchenmannschaft zurückgehen soll, dort gegen die allgemeinen Erwartungen und Empfehlungen doch erfolgreich ist und in die Nationalmannschaft aufgenommen wird. Eigentlich entspräche das mehr meiner Haltung, weil ich die Trainer_innenmeinung, Mädchen sollen bei Jungs mitspielen, nicht teile. Vielmehr, finde ich, sollte sich der Fußball darum bemühen, gute Mädchenteams zu etablieren.

Aber ich bin auch Realistin: Die Entwicklung geht nicht in diese Richtung, der Frauenfußball ist in Deutschland bedeutungslos. Das sah man auch zur Zeit des Lockdowns: Die zweite Liga der Frauen galt nicht als Profisport und sie durfte nicht spielen.

Also wählte ich eine starke Jo, die sich gegen diese ganzen Widrigkeiten durchsetzt.

Gab es alternative Romantitel?

Meine Datei hieß bis ganz zum Schluss »Der Rasen meines Vaters«, was ich immer noch für einen ziemlich guten Titel halte. Jedoch hat in diesem Titel der Vater zu viel Gewicht; es klingt, als spiele Jo nur wegen ihres Vaters, dabei ist es umgekehrt: Der Vater pflegt den Rasen, weil Jo Fußball spielt. »FLY HIGH« (nach dem Graffiti) war auch mal als Titel im Gespräch, aber das war uns zu englisch.

Was ist Ihre Lieblingsstelle in »Der Himmel über dem Platz«? Welche Textstellen lesen Sie am liebsten bei Lesungen vor?

Wegen Corona habe ich noch gar nicht so viel aus dem Buch vorgelesen, nur über Zoom oder ähnliche Plattformen. Mir macht das zwar Spaß, aber dieses Format hat einen entscheidenden Nachteil: Man hört nicht, was das Publikum mag, was ankommt. Und tatsächlich kommen meist ganz andere Szenen gut an, als man selber denkt.

Ich lese natürlich immer den Anfang, das erste Probetraining bei den Jungs und wie Jo im Garten vom Kubitschek herumschleicht. Sehr, sehr gern lese ich die Sockenszene (Kapitel Schwarz : Weiß), in der Jo und Katrina über die Socken streiten und es eigentlich um etwas ganz anderes geht. Mich würde interessieren, ob Jugendliche die Szene ebenso toll finden wie ich.

Ich selber mag vor allem die Szenen mit dem Vater. Die lese ich aber nicht so ausführlich vor, wie ich es gern täte, denn sie passen nicht ganz ins Leseformat, und ich glaube auch nicht, dass der Vater die Person ist, die die Schüler_innen am meisten interessiert.

Welche ist Ihre Lieblingsfigur im Roman?

Der Vater.

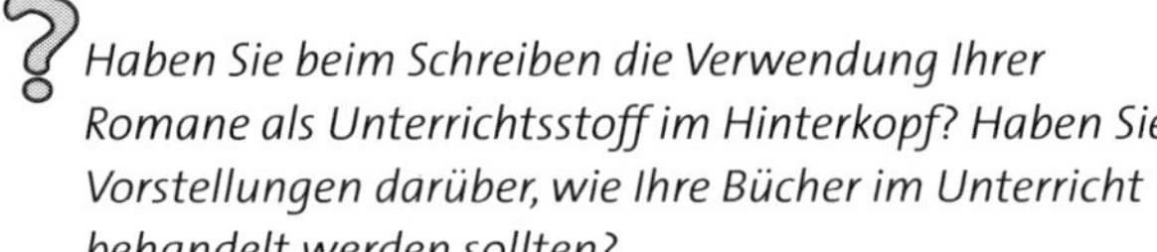

Haben Sie beim Schreiben die Verwendung Ihrer Romane als Unterrichtsstoff im Hinterkopf? Haben Sie Vorstellungen darüber, wie Ihre Bücher im Unterricht behandelt werden sollten?

Zur ersten Frage: Grundsätzlich denke ich sehr wenig über so etwas nach. Ich glaube, solche Gedanken würden mich beim Schreiben behindern. Aber es gibt eine Stelle bei der Romanentstehung, an der ich manchmal doch über die Rezeption in der Schule nachdenke, und das ist bei der Wahl des Helden oder der Heldin. Leider ist es so, dass Bücher mit männlichen Helden lieber als Schullektüre verwendet werden, denn Mädchen können Jungen als Helden besser ertragen als umgekehrt. Mir wurde auch bei diesem Buch schon gesagt, ein Mädchen als Heldin sei ungünstig: Das Buch würde sich dadurch nicht als Schullektüre eignen.

Aber ich kann da nicht immer Rücksicht drauf nehmen. Ich wollte über Mädchenfußball schreiben, und das nicht aus der Sicht eines Jungen.

Aber für mein nächstes Buch werde ich – u.a. aus diesen Gründen – einen Jungen als Helden nehmen.

Zur zweiten Frage: Wie ein Buch behandelt wird, weiß ich z.T. von »Das schaurige Haus«. Manchmal bekomme ich die Ergebnisse zu sehen: Bilder, Filme, Rezensionen. Das freut mich immer. Aber wirklich genaue Vorstellungen habe ich nicht. Auch nicht darüber, was behandelt werden sollte. Das überlasse ich ganz den Lehrern.

Vielen Dank für das Gespräch, Frau Wildner!

Interview: Marc Böhmann (Januar 2022)

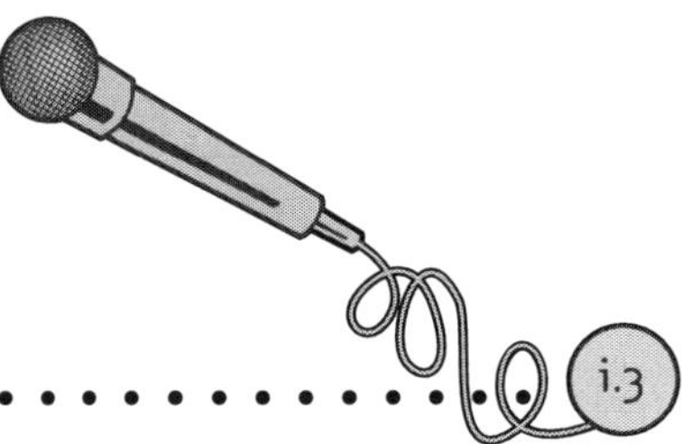

INTERVIEW MIT FUSSBALLERIN LAURA SCHELL: »DUMME SPRÜCHE HABEN MICH NIE INTERESSIERT«

Auswahlspielerin Laura Schell über ihre Fußball-Laufbahn und ihre Erfahrungen in Mädchen- und Jungenteams

? *Hallo Laura, wie bist du zum Fußball gekommen?*

Ich bin damals durch die Fußball-WM 2006 in Deutschland zum Fußball gekommen. Danach wollte ich unbedingt im Fußballverein spielen.

? *Bis wann hast du in Mädchenmannschaften gespielt?*

Ich habe vier Jahre lang, von 2012 bis 2016, parallel in Mädchen- und Jungenmannschaften gespielt.

? *Wie wohl hast du dich in Mädchenteams gefühlt?*

Ich habe mich immer sehr wohl bei den Mädels gefühlt.

? *Im Roman muss ja Jo, um in die Landesauswahl zu kommen und richtig gefördert zu werden, in eine Jungenmannschaft wechseln. Wie war es bei dir?*

Da ich ja von Anfang an bei den Jungs gespielt habe, musste ich nicht extra in eine andere Mannschaft wechseln. Damals wurde allerdings vielen aus meinem Jahrgang vom Verband nahegelegt, in eine Jungenmannschaft zu wechseln.

? *Auf welchen Positionen hast du am liebsten gespielt?*

Am liebsten spiele ich auf der Sechserposition, gerne aber auch in der Innenverteidigung.

? *Welche Erfahrungen hast du im Jungenteam gemacht?*

Das Spiel ist schneller und mehr von der Athletik geprägt. Da hat man es als Mädchen irgendwann schwer.

Besonders schön fand ich, dass die Jungs sich immer auf und neben dem Platz für mich eingesetzt haben. Aus dieser gemeinsamen Zeit sind viele Freundschaften entstanden.

? *Hast du Ausgrenzung oder Benachteiligung von Mitspieler_innen, Trainer_innen oder Eltern erlebt?*

Ausgrenzung seitens meines Vereines habe ich nie erlebt. Seitens der gegnerischen Teams gab es natürlich immer mal wieder, besonders vor den Spielen, ein paar dumme Sprüche. Das hat mich aber nie interessiert, da ich mit Leistungen auf dem Platz überzeugen wollte.

? *Du hast dann mehrere Jahre in der Landesauswahl Baden gespielt. Warst du auch in Duisburg bei den Sichtungsturnieren?*

Ja, Duisburg war immer eine sehr schöne Zeit. Fünf Tage voller Fußball und jede Menge Spaß. Mein besonderes Highlight war, als ich zu einem U-17-Lehrgang der Nationalmannschaft mit Leistungstest eingeladen worden bin.

? *Wie ging es dann mit deiner Karriere weiter?*

Nachdem man in einem gewissen Alter nicht mehr als Mädchen bei den Jungs spielen darf, bin ich 2016 nach Viernheim in die Oberliga zu einer Frauenmannschaft gewechselt. Hier spiele ich bis heute.

Laura Schell, Jahrgang 2000, spielte in Mädchen- und Jungenmannschaften beim ASV Eppelheim (Baden) und mehrere Jahre in der badischen Landesauswahl. Mittlerweile spielt sie im Oberliga-Team von Amicitia Viernheim.

Nach einem Freiwilligen Sozialen Jahr (FSJ) absolviert sie ein Duales Studium »Rechtspflege«.

TABELLARISCHE KAPITELÜBERSICHT

Kap.	Seite	Erzähltes Geschehen
1	5–18	Mädchen : Jungen Für Jo ist bei diesem Training alles anders. Die Mitspielerinnen und ihre Trainerin ignorieren sie. Sie vermutet, dass jemand verraten hat, dass sie den Verein wechseln möchte. Die Mitspielerinnen nennen sie eine Verräterin und sind fies zu ihr. Auf Jos Nachfrage hin sagen sie, sie wüssten, dass Jo wechselt. Auf dem Heimweg ruft Jo Betty an. Sie sagt, sie habe niemandem etwas von Jos Wechselabsichten erzählt. Jo vermutet, ihr Vater hat es ausgeplaudert. Das erste Probetraining bei Blau-Weiß steht nachmittags an. Jo hat die Schiedsrichter-Umkleide. Sie nimmt sich vor, alles zu geben. Der Trainer Jurek stellt den Jungs Jo vor. Das Trainingsprogramm ist sehr anstrengend für Jo. Die Jungs sind abweisend und unterstützen sie nicht. Beim Trainingsspiel hat sie nur wenige Ballkontakte. Anschließend räumt sie mit drei Jungs das Tor weg. Niclas bezeichnet sie als »pain in the ass«. Beim Duschen fühlt sich Jo verzweifelt. Jos Vater holt sie ab. Sie wirft ihm vor, Paulas Vater von ihrem Wechselwunsch erzählt zu haben. Dann kommt Jurek. Er sagt, sie könne morgen wiederkommen. Auf dem Weg zum Auto sagt ihr Vater, sie wäre das erste Mädchen bei Blau-Weiß, dem besten Club der Stadt.
2	18–29	Belo Horizonte : Manaus Jo schwindelt Katrina und ihre Mutter an und sagt, sie habe mit Betty an einem Referat gesessen. Im Matheunterricht erzählt ihr Betty, sie habe von einem Urlaub mit Jo in Brasilien geträumt. Jo ist das unheimlich. In der Pause fragt Betty Jo, ob sie jetzt bei der Jungenmannschaft angenommen wurde. Jo erzählt ihr von Niclas und Ron und ihrem ersten Training. Sie schildert ihre sportliche Karriere von der ersten Ballettstunde über ihre Leichtathletikversuche bis zum Fußball. Nach zwei weiteren Trainings bei Blau-Weiß fühlt sie sich weiterhin ausgeschlossen und leistungsmäßig schlecht. Ihr Vater ist aber überzeugt, dass es das Richtige ist. Nach drei Probetrainings teilt ihr Jurek im Gespräch mit ihrem Vater mit, dass er von ihrem Talent beeindruckt ist. Er lässt ihren Vater die Formulare ausfüllen und sagt ihr, dass sie ab sofort bei Blau-Weiß spielt.
3	29–35	Schwarz : Weiß Katrina kommt in Jos Zimmer und findet ihre Socken. Es kommt zum Streit. Ihre Mutter ist dagegen, dass Jo zu Blau-Weiß geht. Als Katrina das Sockenthema anspricht, steht die Mutter auf und legt sich in ihr Bett. Nach einigen Minuten kommt sie zurück und ist einverstanden mit den Probetrainings. Jo erzählt vom schwierigen Umgang ihrer Eltern mit ihrem Hobby Fußball.
4	35–43	Genie : Disziplin Während die anderen Jungs Jo im Training kaum beachten, hat sie besonders mit Niclas, dem besten Spieler, und Ron Schwierigkeiten. Vor dem Testspiel gegen Victoria entdeckt Jo an der Wand ihrer Kabine den Schriftzug »FLY HIGH«. Jurek lässt Jo für Niclas im Sturm spielen. Jo spielt im Sturm schlecht, in der zweiten Halbzeit aber als Außenverteidigerin gut. Nach dem Spiel motzt Niclas' Vater Jurek an. Jurek verweist auf die Blau-Weiß-Regeln. Mama Ahmed kommt zu Jo und spricht ihr Mut zu. Vor der Kabine wartet Niclas auf sie, versperrt ihr den Weg, macht sich über sie lustig und droht ihr. Dann lässt er sie durch. Jo weint in der Kabine. Sie fühlt sich alleine.
5	43–50	Flugzeuge : Schwerkraft Um nicht sofort nach Hause zu gehen, läuft Jo Richtung Flugplatz. Sie sieht Ron kommen und versteckt sich im Gebüsch. Jo wundert sich, was er hier macht, und sieht, wie Ron etwas in ein Notizbuch schreibt. Etwas fällt ihm aus der Hand, dann geht er zurück Richtung S-Bahn. Jo hebt den Zettel auf und steckt ihn ein. Zu Hause fragt ihre Mutter, wie das Spiel war. Dann kommt Fabienne und bringt ihr ein Abschiedsgeschenk. Jo freut sich sehr.
6	50–60	Mähroboter : Gras Jo malt in ihrer Kabine ein Ronaldo-Bild ab. Nach dem Training spendet Sigis Vater Mini-Fußbälle. Jos Vater berichtet ihr, dass Sigis Vater sich abfällig über sie geäußert hat. Zuhause im Garten soll Jo Ecken üben. Bei einem Schuss rollt der Ball unter die Hecke zum Nachbarn Kubitschek. Als Jo nach dem Ball fasst, taucht der große Nachbarshund Zico auf. Jo schreit und nimmt sich den Ball. Es kommt zum Streitgespräch zwischen ihrem Vater und Kubitschek. Jo möchte, dass ihr Vater nicht mehr beim Training zusieht. Sie versucht, es ihm beim Frühstück zu sagen. Er versteht es aber nicht.
7	60–65	Eis : Hitze Mittags sieht Jo mit Betty, wie Ron aus dem Haus kommt. Als Ron weg ist, läuft Betty auf die Haustür zu. Oben vor der Wohnungstür begutachten die beiden die Schuhe. Dann öffnet Rons Mutter die Tür. Jo nimmt Betty an der Hand und rennt mit ihr die Treppe herunter. Beim Training am nächsten Tag taucht Mama Ahmed mit Eis auf. Jo holt sich als Letzte ein Eis. Mama Ahmed gibt ihr den Tipp, nicht mehr bescheiden zu sein.

Kap.	Seite	Erzähltes Geschehen
8	65–72	Schwuchtel : Flüchtling Ron wühlt in Jos Sportbeutel. Er findet das Ronaldo-Bild und zeigt es verächtlich herum. Niclas nennt ihn Schwuchtel-Ronaldo. Jurek sperrt Niclas für das nächste Spiel. Jo sieht, wie in der Kabine jemand hinter das »FLY HIGH« ein Ausrufezeichen geschrieben hat. Beim Rausgehen hört Jo, wie Niclas und Sigi über Jurek und die Flüchtlinge ablästern. Nach dem Training geht Jo zu ihrem Vater, der im Garten grillt. Jos Vater erzählt die Geschichte von Zidanes Kopfstoß. Abends im Bett erzählt Katrina, dass sie beim Tanzen einen neuen Mittänzer hat.
9	72–79	Willkommen : Verhasst Im Training spielt Jo mit Niclas. Niclas spielt ihr nicht ab. Jurek lässt Niclas zur Strafe Liegestütze machen. Mama Ahmed lobt Jo. Anschließend folgt ihr Niclas bis zur Kabine, beleidigt sie und spuckt an die Tür. Drinnen weint Jo wieder. Dann streicht sie das »FLY HIGH« an der Wand durch. Nach dem Training telefoniert sie mit Fabienne und erzählt ihr, wie schlimm es bei Blau-Weiß ist. Dann lügt sie, weil sie spürt, dass sie Fabienne nicht mehr so wichtig ist. Am nächsten Morgen bekommt sie die Mathearbeit zurück. Damit ihre Mutter die Arbeit nicht sieht, geht sie nach dem Training zum Vater. Dort zeigt Jo ihm die Arbeit.
10	79–86	Pfefferspray : Thujahecke Beim »Lattentreffen« fliegt der Ball in Kubitscheks Garten. Jo klettert vom anderen Nachbarn in den Garten. Kubitscheks Garten sieht wie ein Urwald aus. Sie geht Richtung Haus und entdeckt im Haus ein riesiges Aquarium. Plötzlich hört sie eine Stimme und sieht in ein hässliches Gesicht. Jo schreit und rennt zurück zu ihrem Vater. Am nächsten Morgen sagt Jos Vater, dass er Kubitschek anzeigen will.
11	87–93	Molosser : Piranhas Als Jo morgens aus dem Haus kommt, spricht Kubitschek sie an. Kubitschek gibt ihr den Ball zurück. Zuerst sagt er ihr, dass er sie gestern mit einer Amazonasmaske erschreckt hat. Dann gibt er ihr den Ratschlag, sich ein Team zu suchen. Jo erzählt Betty von der unheimlichen Begegnung mit Kubitschek. Betty recherchiert mit ihrem Handy und findet heraus, dass Kubitschek Rote Piranhas hält. Betty vergleicht die Jungs in Jos Mannschaft mit Piranhas. Sie möchte heute zum Training kommen.
12	93–107	Highheels : Stollen Betty kommt zu spät. Bevor die Bahn losfährt, steigt auch Betty ein, mit Hotpants und voll geschminkt. Jo hat Angst, sich mit Betty zu blamieren. Doch Otto hält ihnen die Tür auf und auch Niclas schaut interessiert. Weil Ron von Jo getunnelt wird, tritt er ihr auf den Fuß. Sie beschwert sich nicht, im Gegensatz zu Ahmed. Jurek schickt Ron nach Hause. In der Kabine erzählt Jo Betty von Niclas' Attacken. Zuhause angekommen hat ihr Vater schlechte Laune. Er lässt sich von Jo ihren blauen Fleck zeigen. Katrina beschwert sich, dass es immer nur um Jo und ihr Hobby geht. Betty findet, nur Niclas ist das Problem. Und sie erzählt Jo, dass Mama Ahmed sehr von ihr begeistert ist. Jo freut sich.
13	107–114	Waldmeister : Wendie Jo geht mit ihrer Mutter Fußballschuhe kaufen. Jo will in den Laden, wo es coole Schuhe gibt. Plötzlich sieht sie Ron, als er in einen Buchladen geht. Sie sieht nur den Anfang des Titels: »Hi«. Anschließend ist Jos Mutter einverstanden, Jos Lieblingsschuhe zu kaufen. Zuhause überlegt Jo, wie das Buch von Ron heißen könnte. Katrina kommt in ihr Zimmer und fragt Jo, ob sie ihre Sporttasche ausleihen darf. Sie berichtet aufgeregt, dass der Neue heute auch mittanzt.
14	114–120	Tor : Schuss Beim Testspiel gegen BSB soll heute Jo mit Ahmed im Sturm spielen, weil Niclas nicht da ist. Sie gibt Ahmed zwei Vorlagen. In der Pause motiviert Jurek sie, auch selbst aufs Tor zu schießen. Kurz vor Schluss steht sie frei vor dem Tor und wird vom Verteidiger gefoult. Ihr wird schwarz vor Augen und sie muss aus dem Spiel. Nach dem gewonnenen Spiel gratulieren ihr alle, nur ihr Vater kritisiert sie, dass sie beim Torschuss zu lange gezögert hat. Jo ist wütend. In der Kabine hört sie Geräusche aus der Nachbarkabine. Sie merkt, dass zwei Schirikabinen dieselbe Dusche haben.
15	121–131	Tanzen : Spucken In der Schule spricht Betty über das gestrige Spiel und Otto. Auch Otto sei froh, wenn Niclas nicht da sei. Und Jo spiele ohne Niclas besser. Am Nachmittag sieht Jo, wie Ron mit seiner Schwester zum Spielplatz geht. Dort setzt er sich auf eine Bank und hört Musik. Er macht auf Wunsch von Lynn einen besonderen Move. Dann kommt er direkt an Jos Versteck vorbei. Beide unterhalten sich kurz und Jo jongliert auf Lynns Wunsch. Auf Jos Frage, wo er gestern beim Spiel war, antwortet Ron ausweichend. Am nächsten Tag erzählt Jo Betty von der Begegnung. Für Jo ist Ron rätselhaft. Ihr kommt die Idee, dass Hip-Hop mit »Hi« anfängt.

Kap.	Seite	Erzähltes Geschehen
16	131–143	Ego : Team Nach ein paar Tagen will Jos Vater mit ihr im Garten Torschüsse trainieren. Er kritisiert Jo wieder, weil sie nicht sehr hart schießt, und blockiert sei. Das macht Jo wütend. Oben im Zimmer liegt Katrina und will ein freundliches Gespräch beginnen, aber Jo antwortet aggressiv. Am nächsten Morgen, einem Samstag, schlägt Katrina vor, Mirabellen-Marmelade zu kochen. Dann ruft Fabienne an und fragt Jo, ob sie heute beim Freundschaftsspiel mitspielen möchte. Jo sagt zu, obwohl sie morgen ein Turnier bei Blau-Weiß hat. Als der Topf mit der Marmelade auf dem Herd steht, muss Jo los. Katrina ist sauer und wird von einer Wespe gestochen.
17	143–151	Destiny : Jo Beim Spiel des FFC gegen Stern 09 führt der Gegner 1:0 zur Halbzeit. In Halbzeit 2 spielen sich Jo und das FFC-Team in einen Rausch. Sie erzielt mehrere Tore. Abends bekommt sie die Wut ihrer Schwester zu spüren. Sie wirft Jo vor, sich nur um sich zu kümmern. Spätabends sieht sie einen Zettel auf dem Boden. Jetzt erklärt sich alles: Ron ist der neue Tänzer in Katrinas Tanzgruppe.
18	151–166	Glas : Kopf Am Sonntagmorgen findet Jo ihre Trinkflasche nicht und nimmt ein leeres Marmeladenglas mit. Jurek beordert Jo in die Abwehr. Das erste Spiel gewinnt Blau-Weiß mit 2:0, das zweite wird verloren. Im dritten Spiel macht Jo wegen ihrer Erschöpfung einen Rückpassfehler, der zur Niederlage führt. Niclas schreit sie wieder an. Jo ist wütend und schleudert ihren Sportbeutel auf Niclas. Das Marmeladenglas trifft Niclas am Kopf. Er blutet und schreit Jo an. Es gibt Tumult, die Eltern greifen ein und rangeln. Als sich ihr Vater auf Sigis Vater stürzt, rennt Jo Richtung Kabine. Drinnen hat sie Angst, aus dem Verein geworfen zu werden. Dann klopft es. Es ist die Schiedsrichterin Luca. Sie baut Jo auf und unterhält sich mit ihr. Luca sagt Jo, das mit dem Glas sei nicht ok gewesen. Aber Jo sei besser als alle anderen. Sie sei ihr Fan. Trotzdem fühlt sich Jo schuldig. Sie zieht sich um und verlässt das Vereinsgelände. Dann fährt sie zu ihrer Mutter.
19	167–180	Flucht : Widerstand Jo hängt das Ronaldo-Plakat in ihrem Zimmer ab. Im Wohnzimmer sieht sie die Tickets für das Musical mit Katrina. Sie geht zu Betty. Jo erzählt Betty von ihrer Tat. Betty versucht sie zu trösten. Jo muss weinen. Sie schleicht sich in das Haus vom Vater und hört, wie Katrina abfällig über Jo spricht. Katrina klettert auf die Anrichte und stürzt herunter. Ihr Handgelenk scheint gebrochen. Als Katrina weiterhin Jo böse beschimpft, verlässt Jo wieder das Haus. Sie weiß nicht, wohin sie gehen soll.
20	180–189	Gegenwart : Zukunft Sie läuft an Kubitscheks Garten vorbei. Er spricht sie an und möchte ihr seine Piranhas zeigen. Drinnen sieht sie im Erdgeschoss viele Bildschirme mit lauter Fußballspielen. Kubitschek sagt, er habe alle Spiele aller Ligen weltweit gespeichert. Jo kann das nicht glauben. Dann zeigt er ihr das riesige Aquarium. Er sagt, dass er die Piranhas für Jo hält, weil er will, dass sie keine Angst mehr vor irgendwem haben soll. Jo fragt sich, woher er das weiß. Kubitschek füttert die Piranhas mit Rinderherz. Währenddessen schaut Jo auf ein Frauen-Champions-League-Spiel. Während sie rückwärts Richtung Tür geht, sieht sie auf dem Bildschirm, wie sie selbst ein Tor für Olympique Lyon erzielt.
21	190–211	Schlamm : Fön Jo fährt zurück zur Blau-Weiß-Sportanlage und geht zur Mauer am Flugplatz. Dann geht ein Wolkenbruch herunter. Sie entschließt sich, nicht mehr wegzulaufen und sich zu entschuldigen. Beim Gehen fällt ihr Handy in eine Pfütze. Plötzlich taucht Ron auf und fischt es heraus. Er hilft ihr, die Teile einzupacken. Jo geht zum Haus ihres Vaters und wartet dort auf ihre Familie. Oben im Zimmer packt Jo die Sachen für Katrina zusammen. Katrina erzählt ihr, dass Ron glaubt, dass Jo Nationalspielerin wird. Abends geht Jo runter zu ihrer Mutter ins Wohnzimmer. Jo sagt ihr, dass sie weiterhin bei Blau-Weiß spielen will. Ihre Mutter versteht sie. Sie will mit dem Trainer reden. Am nächsten Tag bespricht Jo mit Betty die Lage. Sie zeigt Jo ein Handyvideo von der Rangelei der Eltern. Jos Mutter vereinbart für Mittwoch ein Gespräch mit Jurek. Am Mittwoch sprechen Jo und ihre Eltern mit Jurek und dem Jugendwart. Jurek teilt Jo mit, dass sie eine Woche Trainingsausschluss hat, drei Wochen verantwortlich für den Ballsack ist und sich bei Niclas entschuldigen muss. Die drei sind einverstanden. Zum Schluss betont Jurek noch einmal, welcher Gewinn Jo für die Mannschaft ist.
22	211–219	Fan-Schal : Pailletten Die Familie geht gemeinsam zu Katrinas Musical-Aufführung. Katrina tanzt mit Ron umwerfend. Sogar seine Eltern sind begeistert. Jo ist sich sicher, dass Katrina in Ron verliebt ist. Am Sonntag ist Jo wieder bei ihrem Vater. Er sagt ihr, dass Kubitschek wegzieht. Jo geht rüber und wird an den Chef der Möbelpacker verwiesen. Er bestellt ihr viele Grüße von Kubitschek. Als Jo fragt, was Kubitschek arbeite, antwortet dieser, er sei Fußballgott. Nach einer Woche darf Jo wieder zum Training. Niclas, Sigi und Ron fehlen. Kurz vor dem Platz fliegt plötzlich ein Champions-League-Ball Richtung Jo. Sie lässt den Ballsack fallen und köpft ihn zu Jurek. Ahmed vermutet, der Ball komme vom Fußballgott.
23	220	Deutschland : Dänemark Ein halbes Jahr später sitzt Jo im Bus auf dem Rollfeld. Sie ist mit der U-16-Nationalmannschaft auf dem Weg zum Spiel in Kopenhagen. Gleich wird sie abheben.

FIGURENKONSTELLATION

i.5

Die Schriftgröße des Namens stellt die Wichtigkeit der Figur im Roman dar.

Ihr FFC-Team

Fabienne: schön, blond, beste Fußballfreundin von Jo, besucht die 9. Klasse
Paula: Torschützenkönigin, nennt Jo »Verräterin«
Gesa: schießt tolle Ecken
Trainerin Gabi

Betty

Jos beste Schulfreundin
gut in der Schule
Klassensprecherin
hübsch
unterstützt sie

Jos Vater Sven

wohnt in kleinem Haus mit Fußball-Garten
ist fußballbegeistert und ehrgeizig
Größenwahn und Minderwertigkeitskomplexe
hat keinen Schulabschluss
arbeitet als Medikamentenfahrer

Katrina

Jos Schwester
14 Jahre alt
liebt Ballett
widerspricht und argumentiert gerne
ist vom neuen Tänzer Ron begeistert

Jos Mutter Andrea

wohnt mit den Töchtern in einer Wohnung im 4. Stock
trennte sich von Jos Vater
stellt sich Problemen
spricht viel in Redewendungen
kennt sich mit Fußball nicht aus

Jo (Jolanda)

13 Jahre alt
in der 8. Klasse
schmal; lange, glatte Haare;
eckige Schultern, großes Kinn
wechselt vom FFC zu Blau-Weiß
wohnt abwechselnd bei Mutter und Vater

Luca

Schiedsrichterin
spricht Jo Mut zu
wird von Jo für einen Mann gehalten

Herr Kubitschek

wohnt neben Jos Vater
weiß alles über Fußball
arbeitet als »Fußballgott«
hat einen Riesenhund namens Zico
gibt Jo einen wertvollen Rat
kennt Jos Zukunft

Blau-Weiß-Team

Niclas: bester Spieler, Stürmerstar, arrogant, unpünktlich, fies
Otto: Torwart
Sigi: Ersatztorwart, übergewichtig
Ron: rothaarig, wohnt in Jos Nähe, hat eine kleine Schwester (Lynn), tanzt Hip-Hop und Ballett
Ahmed: klein, Verteidiger
Kuno: groß, Verteidiger
Trainer Jurek: glaubt an Jo und unterstützt sie

Blau-Weiß-Eltern

Herr von Staden: Sigis Vater, reich, politisch rechts
Dr. Ackermann: Niclas' Vater, Rechtsanwalt, fährt BMW
Hagen: Vater von Ron, Blau-Weiß-Urgestein
Mama Ahmed: spricht Berliner Dialekt

Lesezeichen und Zeilometer

Dieses Lesezeichen hilft dir, einzelne Textstellen zu finden oder dich mit deinen Mitschülerinnen und Mitschülern über bestimmte Textstellen zu unterhalten: Lege dazu einfach das Zeilometer an den oberen Buchrand. Die Zahlen sind dann die jeweiligen Zeilen. Natürlich kannst du dein Zeilometer auch individuell gestalten.

FLY HIGH

1.

Finde zu jedem Satzende die richtige Figur. Schreibe die Sätze vollständig in dein Heft oder in deinen Leseordner. Ergänze in Klammern die jeweilige Seite und Zeile.

a) … macht mit ihrem nassen Pferdeschwanz ihre Mitspielerinnen nass.	b) … muss sich in der Schiedsrichterkabine umziehen und duschen.
c) … sagt, sie habe nie im Leben etwas von Jos Wechselwunsch erzählt.	d) … kann gut mit dem Fußball balancieren.
e) … trägt einen Undercut.	f) … holt Jo vom Fußballtraining ab.

Tipp

Du kannst so schreiben:
Fabienne macht mit ihrem nassen Pferdeschwanz ihre Mitspielerinnen nass. (Seite 6, Zeile 1)

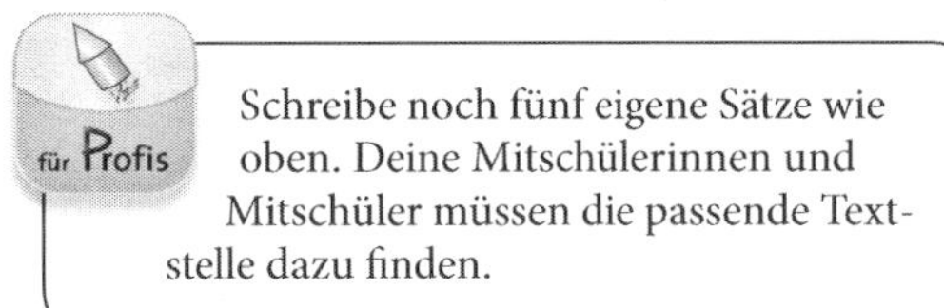

für Profis

Schreibe noch fünf eigene Sätze wie oben. Deine Mitschülerinnen und Mitschüler müssen die passende Textstelle dazu finden.

2.

Jo wechselt zu Blau-Weiß. Hast du alles von Kapitel 1 und 2 verstanden? Fülle die Lücken. Schreibe den Text in dein Heft oder Lesetagebuch. Es entsteht eine Inhaltsangabe der beiden Kapitel.

Für Jo ist bei diesem ________ alles anders: Die Mitspielerinnen ignorieren sie, weil sie den Verein ________ möchte. Beim Wasserkübel wird sie von ihren Teamkameradinnen ________. Sie nennen Jo eine ________. Am nächsten ________ steht das erste Probetraining bei Blau-Weiß an. Trainer ________ stellt den Jungs Jo vor. Das Training ist sehr ________ für Jo. Die Jungs sind abweisend zu ihr, Niclas ________ sie. Jo ist verzweifelt. Ihr Vater sagt ihr, sie wäre das erste ________ bei Blau-Weiß. Nach weiteren Trainings fühlt sich Jo weiterhin ________. Jurek teilt ihr mit, dass er von ihrem ________ beeindruckt ist. Ab ________ kann Jo für Blau-Weiß spielen.

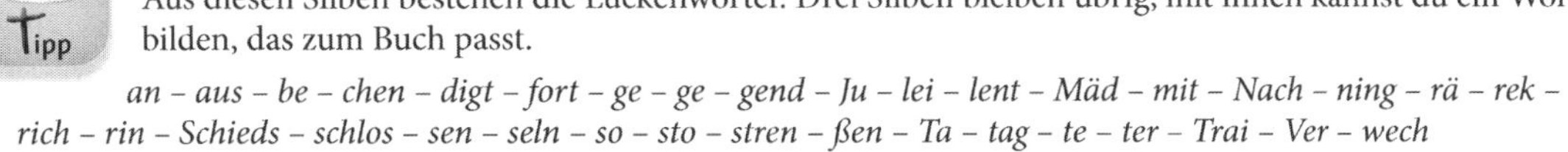

Tipp

Aus diesen Silben bestehen die Lückenwörter. Drei Silben bleiben übrig, mit ihnen kannst du ein Wort bilden, das zum Buch passt.

an – aus – be – chen – digt – fort – ge – ge – gend – Ju – lei – lent – Mäd – mit – Nach – ning – rä – rek – rich – rin – Schieds – schlos – sen – seln – so – sto – stren – ßen – Ta – tag – te – ter – Trai – Ver – wech

3.

Jo fühlt sich bei ihrem Teamwechsel sehr alleine und als Außenseiterin.

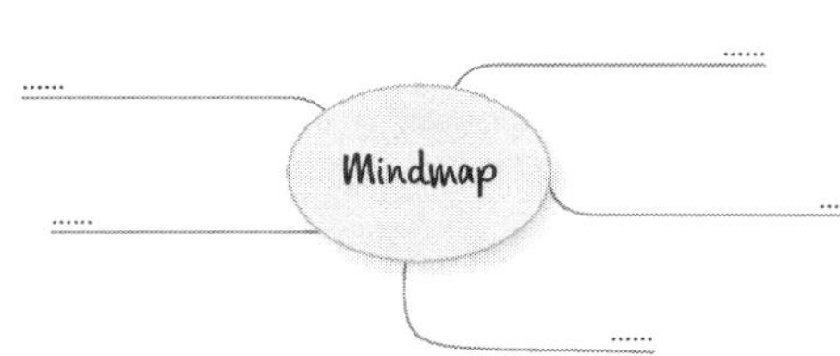

a) Markiere in Kapitel 1 und 2 Stellen, an denen deutlich wird, dass ihre Mitspielerinnen (beim FFC) und ihre Mitspieler (bei Blau-Weiß) Jo ausgrenzen. Gestalte eine Mindmap, in der du mit Rot notierst, wie die Ausgrenzung stattfindet. Ergänze auch Seite und Zeile der Textstelle.

b) Überlege bei jedem Stichpunkt: Wie könnten sich die Mitspielerinnen und Mitspieler freundlicher und fairer gegenüber Jo verhalten? Schreibe grüne Stichworte dazu.

c) Sprecht in der Klasse über eure Arbeitsergebnisse und Ideen.

»Du spielst vorn«

1. Hier stehen Antworten, aber die Fragen dazu fehlen. Finde mögliche Fragen zu den vorgegebenen Antworten und schreibe beides jeweils in dein Heft oder deinen Leseordner.

a) Sie sucht ihre Socken und findet sie in Jos Zimmer.

b) Sie ist zuerst dagegen, weil der Vorschlag von Jos Vater kommt und sie bisher nicht gefragt wurde.

c) Sie sieht den Schriftzug »FLY HIGH« an der Wand in ihrer Kabine.

d) Weil er eine Viertelstunde zu spät zum Treffpunkt gekommen ist.

e) Er sagt, die fußballerische Ausbildung sei wichtiger als das Gewinnen.

Tipp: Beispiele für mögliche Fragen:
- Was sucht Katrina?
- Wie findet Jos Mutter die Idee, dass Jo zu Blau-Weiß in eine Jungenmannschaft wechselt? …

2. Stellt in Partnerarbeit eine der beiden Szenen in mindestens fünf Standbildern dar:

A Jo und Niclas vor ihrer Kabine.

B Jo beobachtet Ron an der Mauer.

Tipp: Lest dazu eure Szene aufmerksam und überlegt euch Textstellen, zu denen ein Standbild besonders gut passt. Sammelt gemeinsam Ideen für die Körperhaltung, Gestik und Mimik der einzelnen Figuren. Notiert euch die Stellen im Text.

für Profis: Fotografiert die einzelnen Standbilder, druckt sie aus und gestaltet mit ihnen eine kleine Ausstellung in der Schule oder bringt sie auf eure Schulhomepage.

3. Jetzt habt ihr Jo, Niclas und Jos Vater schon ziemlich gut kennengelernt.

a) Erstelle zu einer Figur einen Steckbrief. Begriffe könnten sein: Name, Alter, Aussehen, Hobbys, Charaktereigenschaften ... Schreibe mit deinen Stichpunkten eine kurze Charakterisierung dieser Figur.

b) Was denkst du über deine Hauptfigur? Findest du sie/ihn sympathisch? Wärest du gerne mit ihm/ihr befreundet? Begründe deine Meinung. Sprecht in der Klasse darüber.

4. Im vierten Kapitel erlebt Jo viele verschiedene Gefühle.

a) Lies das Kapitel noch einmal durch und schreibe an den Rand oder auf ein DIN-A4-Blatt passende Gefühlsadjektive, die ihre jeweiligen Gefühle möglichst genau beschreiben.

b) Erstelle dann eine Stimmungskurve für Jo in diesem Kapitel.

c) Sprecht anschließend über eure Markierungen und Anmerkungen.

Tipp: Wie fühlt sich Jo? *aggressiv • angespannt • ängstlich • ärgerlich • aufgeregt • ausgeschlossen • eifersüchtig • entschlossen • entspannt • enttäuscht • erfreut • erleichtert • erwartungsvoll • fassungslos • fremd • geschockt • glücklich • irritiert • mitleidig • mutig • neugierig • schadenfroh • selbstbewusst • stolz • überlegen • überrascht • unsicher • verlassen • verlegen • verliebt • verständnisvoll • verstört • verzweifelt • wütend • …*

Eine eigenartige Bewegung

Jo lernt Herrn Kubitschek kennen …

1. Jeweils drei Kästchen mit Stichworten passen zu einem der Kapitel 6 bis 9.

a) Bringe die Stichworte in die richtige Reihenfolge.

☐ beim »Zwei gegen Zwei« zu lange überlegt	☐ Mama Ahmed: Nicht mehr bescheiden sein	☐ Begegnung mit Rons Mutter in Leggins
☐ Karinas neuer Mittänzer	☐ Ronaldo-Bild abmalen	☐ Die Lüge am Telefon
☐ Begegnung mit Zico	☐ Niclas: Schwuchtel-Ronaldo	☐ FLY HIGH mit Ausrufezeichen
☐ Rons eigenartige Bewegung vor dem Schaufenster	☐ Beleidigung von Niclas und Spucke	☐ nicht mehr beim Training zusieht

b) Verfasse eine Inhaltsangabe (ca. 10 bis 15 Sätze) der Kapitel 6/7 bzw. 8/9.

Info: Eine **Inhaltsangabe** beschreibt sachlich, objektiv und distanziert den Inhalt eines Textes oder auch eines Films. Sie konzentriert sich auf wichtige Textinhalte, steht im Präsens und enthält keine Wertungen oder Meinungen. Wörtliche Rede wird in indirekter Rede wiedergegeben.

Tipp: So kannst du beginnen:
- *Kap. 6/7: Weil sie beim nächsten Training etwas früher dran ist, malt Jo in ihrer Kabine …*
- *Kap. 8/9: Jo sitzt abseits von ihren Teamkameraden im Schatten. Dann kommt Ron …*

2. Finde die folgenden Sätze im Buch und erkläre die Textstellen mit eigenen Worten in deinem Heft oder Lesetagebuch bzw. Leseordner.

a) Bei uns Mädchen war es ganz anders zugegangen. S.______ / Z.______

b) Dem Aussehen nach stellte ich mir so Gott vor. S.______ / Z.______

c) Det is nich jut. Du mussta det Eis als Erste holen! S.______ / Z.______

d) Dann bückte ich mich und strich das FLY HIGH durch. S.______ / Z.______

e) Ich war ja nicht einmal ein Mann. S.______ / Z.______

Mama Ahmed spricht Berliner Dialekt. Gibt es bei euch auch einen Dialekt? Wenn ja, recherchiere nach Texten, die im Dialekt eurer Region verfasst sind, und stellt sie in der Klasse vor.

3. Jo ruft Fabienne an, um ihr von ihren Problemen zu erzählen.

a) Finde die Textstelle im Buch und lies sie noch einmal. Stellt das Telefonat im Rollenspiel dar. Versucht, den Tonfall der beiden möglichst realistisch zu treffen.

b) Wie könnte das Gespräch zwischen Jo und Fabienne positiver und ehrlicher verlaufen? Schreibe ein mögliches Gespräch zwischen den beiden auf oder stellt es im Rollenspiel dar. Versetzt euch in die Situation und überlegt, was beide mit dem Gespräch erreichen wollen.

- Fabienne: Hi, Jo, schön, dass du anrufst!
- Jo: Hi, Fabienne. Ich halte das nicht mehr aus! …
- Fabienne: …

»Du brauchst ein Team«

Beim »Lattentreffen« fliegt abends der Ball in Nachbars Garten …

1. Wer sagt bzw. denkt das? Schreibe zu den Zitaten in dein Heft oder deinen Leseordner die betreffende Figur und die Textstelle (Seitenzahl, Zeile).

a) Aber wie willst du ins Grundstück reinkommen?	b) Madame muss zum Fußball.	c) Hab ich dich gestern erschreckt?
d) Du brauchst ein Team.	e) Fußball ist Krieg.	f) Die geballte Ladung Testosteron.
g) Ich hab nicht getreten.	h) Da war ein Monster!	i) Wer in aller Welt ist Wendie Renard?

2. Gestaltet in Partnerarbeit oder in Gruppen das Erlebnis von Jo mit Herrn Kubitschek (S. 78 bis 89, also vom Lattentreffen bis zum Gespräch vor dem Haus) als Comic oder als Fotostory. Geht dazu folgendermaßen vor:

a) Überlegt, wie viele Bilder ihr braucht. Legt ein »Storyboard« an, also eine Tabelle, in der ihr euch Notizen macht. Hier können schon Ideen für Sprech- oder Gedankenblasen oder auch für die Blocktexte unter dem Bild stehen. Hilfreich ist auch, sich hier zu notieren, zu welchem Textabschnitt die jeweiligen Bilder passen.

Tipp

Noch ein paar Hinweise:

- Euer Comic / eure Fotostory wird abwechslungsreicher, wenn ihr die »Einstellung« ändert. Die Filmanalyse kennt folgende *Einstellungsgrößen*: Detail (extreme close-up), Großaufnahme (close-up), Nahaufnahme (close shot), Amerikanische Einstellung (medium shot), Halbnahaufnahme (full shot), Halbtotale (medium long shot), Totale (long shot), Weitaufnahme/Panoramaeinstellung (extreme long shot).
- Es wirkt auch gut, wenn ihr die *Einstellungsperspektive* (camera angle) abwechselt: Untersicht (Froschperspektive), Normalsicht, Aufsicht (Vogelperspektive).
- Überlegt euch genau, wie ihr wichtige Szenen weiter gestaltet, zum Beispiel mit Bausteinen der Comicsprache (»BIBBER«, »FRÖSTEL«, »KREISCH«).
- Oft macht es einen großen Unterschied, ob das Bild im Quer- oder Hochformat steht.

b) Die einzelnen Bilder des Comics zeichnet ihr am besten auf ein DIN-A5-Blatt. Die Fotos sollten 11 cm x 18 cm oder größer sein. Wenn es am Schluss nötig ist, könnt ihr die einzelnen Bildseiten dann noch verkleinern.

c) Die fertigen Bilder klebt ihr in der richtigen Reihenfolge auf ein Plakat oder fotokopiert sie und macht daraus ein kleines Heft.

3. Lies dir noch einmal Kapitel 13 durch.

a) Notiere dabei spontan möglichst viele subjektive Kommentare (in Stichworten) am Textrand. Das können z. B. Bewertungen, Gedanken, eigene Erfahrungen oder auch Fragen sein, die du dir beim Lesen stellst.

b) Sprecht (z. B. in Partner- oder Gruppenarbeit) über eure individuellen Kommentare und Leseweisen. Wo gibt es Übereinstimmungen? Wo Unterschiede?

Wendie Renard ist eine außergewöhnliche Fußballerin. Stelle ihr Leben und ihre Karriere in einem kleinen Referat vor.

»Diesen einen Moooooove!«

Jo spielt beim Testspiel gegen den BSB im Sturm …

1. Überprüfe am Text: Welche Aussagen sind richtig (r), welche falsch (f)? Kreuze an und ergänze jeweils den Textbezug (Seite/Zeile). Schreibe anschließend alle richtigen und korrigierten Sätze in dein Heft oder Lesetagebuch.

	r	f	Textbezug
a) Jo sieht, wie jemand in ihrer Kabine hinter das durchgestrichene »FLY HIGH« »Schade« geschrieben hat.	○	○	
b) Kurz vor Ende des Testspiels steht sie frei vor dem Tor und trifft zum 3:2 für Blau-Weiß.	○	○	
c) Als Lynn Ron bittet, einen besonderen Move vorzuführen, macht er vor dem Spucken eine Schlangenbewegung.	○	○	
d) Als Jo Ron fragt, wo er beim gestrigen Spiel gewesen ist, sagt er, er sei krank gewesen.	○	○	
e) Jos Vater hat für den Garten ein Großfeldtor gekauft.	○	○	
f) Katrina schlägt am Samstagmorgen vor, Mirabellen-Marmelade zu machen.	○	○	
g) Beim FFC-Vereinsfest moderiert eine als Mann verkleidete Frau die Verlosung.	○	○	

Überlege dir fünf eigene Sätze zu den Kapiteln 14–17. Deine Mitschülerinnen und Mitschüler müssen dann entscheiden, ob die Sätze richtig oder falsch sind, und die jeweilige Textstelle finden.

2. In Kapitel 15 kommen Jo und Ron in eine peinliche Situation.

a) Beschreibe in einigen Sätzen, inwiefern die Begegnung für beide peinlich ist.

b) Was denkst du: Wer von beiden schlägt sich besser in dieser Situation? Begründe deine Meinung und diskutiert in der Klasse darüber.

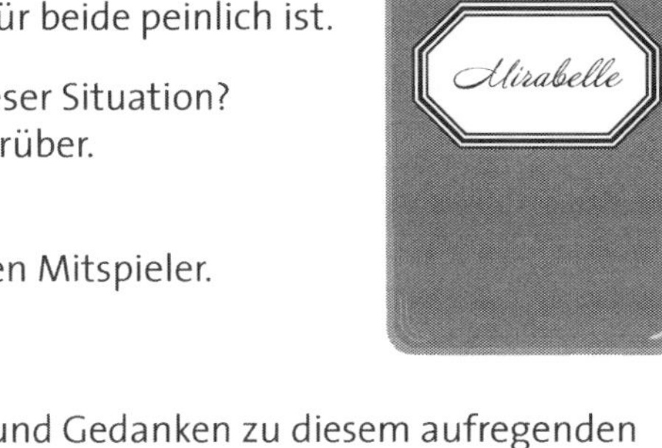

3. Am Ende von Kapitel 17 erfährt Jo etwas Wichtiges über ihren Mitspieler.

a) Was findet Jo heraus? Schreibe einige Sätze darüber.

b) Stell dir vor, Jo würde abends versuchen, ihre Erlebnisse und Gedanken zu diesem aufregenden Tag (S. 137 bis S. 151) in einem Tagebuch zu verarbeiten. Verfasse ihren Tagebucheintrag.

Tipp 1

Darüber könnte Jo schreiben:

Idee von Katrina • Anruf von Fabienne • Marmelade ohne Happy End • Spiel gegen Stern 09 • rauschender Sieg • wütende Katrina zuhause • Fund auf dem Boden • Zettel • jetzt Bescheid

Tipp 2

So könntest du beginnen:

17. Juli. Der Morgen dieses aufregenden Tages begann mit Katrinas Idee. Sie schlug vor, Mirabellen-Marmelade zu machen …

Die Quelle des Amazonas

1. Verbinde die passenden Satzteile miteinander. Schreibe die Sätze anschließend in der richtigen Reihenfolge in dein Heft oder Lesetagebuch und ergänze dabei die Lücken. Es ergibt sich eine Zusammenfassung der Kapitel 18 bis 20.

Am Sonntagmorgen findet Jo ihre ______ nicht	der ihr seine ______ und die vielen Bildschirme zeigt, wo überall Fußball läuft.
Jo geht zu Betty und anschließend zu ihrem ______ ins Haus,	vor Wut wirft Jo Niclas ihren Sportbeutel mit dem ______ an den Kopf.
Niclas ______ stark, die Eltern mischen sich ein,	wo ______ sich das Handgelenk bricht.
Als Jo rückwärts bei Kubitschek aus dem ______ geht,	und nimmt stattdessen ein leeres Marmeladenglas mit zum ______.
Nach dem dritten Spiel beschimpft ______ Jo,	die sie tröstet und sagt, sie sei Jos ______.
Dann läuft sie am ______ von Kubitschek vorbei,	rangeln miteinander und ______ sich schließlich auch.
Jo läuft in die Kabine, dort wird sie von der ______ Luca angesprochen,	sieht sie auf einem Bildschirm, wie sie selbst ein ______ für Olympique Lyon schießt.

2. In Kapitel 18 kommt es zu einer dramatischen Situation. Stellt die Szene nach dem Spiel (S. 156, Z. 17 bis S. 160, Z. 12) im Rollenspiel dar.

Lest die Szene zuerst noch einmal ganz genau und überlegt, wie viele Rollen ihr braucht. Unterstreicht die wörtliche Rede der einzelnen Figuren mit unterschiedlichen Farben. Achtet beim Spielen auch auf die Gestik und Mimik der Figuren.

3. In Kapitel 20 begegnet Jo dann Herrn Kubitschek. Einiges an Herrn Kubitschek fällt aus dem Rahmen, anderes dafür nicht.

a) Markiere im Text Dinge, die an Herrn Kubitschek gewöhnlich sind, mit einer Farbe. Markiere die ungewöhnlichen Dinge mit einer anderen Farbe. Wie findet ihr Herrn Kubitschek? Sprecht in der Klasse darüber.

b) Schreibe einen kurzen Text (ca. 8 bis 10 Sätze) über Herrn Kubitschek. Schreibe auch am Schluss, was Jo über ihn denkt und was du von ihm hältst.

- *Herr Kubitschek ist der alte Nachbar von Jos Vater.*
- *Einiges an ihm ist gewöhnlich: Er hat weiße Haare, …*
- *Anderes an ihm ist sehr ungewöhnlich: Er hat ein riesiges Aquarium mit Piranhas, …*
- *Darüber hinaus erzählt Herr Kubitschek Jo, dass er …*
- *Jo findet Herrn Kubitschek …*
- *Ich selbst denke, dass er …*

4. Sicher hast du auch schon einmal eine Begegnung mit einer ungewöhnlichen Person gehabt. Schreibe eine Erlebniserzählung und denke dabei daran, mitzuteilen, wann, wo und mit wem alles passiert ist und warum die Person ungewöhnlich war. Erzähle auch, wie das Erlebnis ausging.

Nur zwei Richtungen

1. Ergänze die Sätze in deinem Heft oder Leseordner. Schreibe die jeweiligen Textstellen dazu (Seite/Zeile).

a) Als ein Wolkenbruch heruntergeht, fällt Jo ihr …

b) Ron taucht plötzlich auf und …

c) Als Jo abends nicht einschlafen kann, spricht sie …

d) Im Gespräch mit Jurek und dem Jugendwart erfährt Jo, dass sie zur Strafe …

e) Zum Schluss des Gesprächs betont Jurek, …

f) Bei der Musicalaufführung tanzt Katrina umwerfend mit Ron, dessen Eltern …

g) Der Möbelpacker-Chef Gabriel richtet Jo …

h) Am Ende des Buchs ist Jo auf dem Flughafen, wo sie …

2. Trotz ihrer schwierigen Situation möchte Jo bei Blau-Weiß weiter spielen.

a) Was spricht aus deiner Sicht dafür, was spricht dagegen? Erstelle eine Tabelle, in der du die Argumente dafür und dagegen stichwortartig aufführst.

b) Was denkst du: Ist Jos Entscheidung, bei Blau-Weiß zu bleiben, richtig? Tauscht euch in der Klasse über eure Meinungen aus.

c) Schreibe nun einen kurzen Text (ca. 8 bis 10 Sätze), in dem du die Argumente dafür und dagegen darstellst und am Ende auch deine eigene Meinung begründest.

Spielt eine Talkshow mit Figuren aus dem Roman. Thema der Talkshow könnte sein: »Weiter bei Blau-Weiß – ja oder nein?«

3. Nach der Musicalaufführung hat Ron viel Zeit, über sein Verhältnis zu Jo und das, was in den letzten Wochen passiert ist, nachzudenken.
Stell dir vor, er hätte einen Brief an Jo geschrieben.
Schreibe diesen Brief von Ron an Jo.

Tipp 1

Darüber könntest du schreiben:
die erste Begegnung im Training • die gemeinsamen Trainings und Spiele • der Tritt nach dem Tunnel • die Begegnung am Spielplatz • die Begegnung beim Wolkenbruch • das Tanztraining • Katrina • der Musicalauftritt • seine Liebe zum Ballett

Tipp 2

So könntest du beginnen:
Hallo Jo, in den letzten Tagen und Wochen ist ja ziemlich viel passiert. Weil ich bisher keine Gelegenheit hatte, dir zu erklären, warum ich mit dem Fußball aufhöre, schreibe ich dir diesen Brief. Außerdem möchte ich mich bei dir entschuldigen. Schon seit drei Jahren …

4. Der Schluss der Geschichte liest sich wie ein richtiges Happy End.

a) Inwiefern geht das Buch von Martina Wildner gut aus?

b) Überlege dir einen Romanschluss, bei dem nicht alles so positiv aufgehört hätte. Schreibe nach »Wir haben entschieden, dass du …« (S. 209, Z. 11) weiter und erfinde einen anderen Schluss der Geschichte.

Gleich würde ich abheben

In Jos Leben ist in den letzten Wochen viel passiert …

1. Die Beziehung zwischen Jo und ihrem Vater verändert sich im Laufe des Romans ständig.

a) Stellt die Beziehung zwischen beiden in Partnerarbeit in Form einer Kurve (mindestens auf DIN A4, kariertes Papier) grafisch dar. Die Rechtsachse (x-Achse) ist dabei der Verlauf des Textes, die Hochachse (y-Achse) stellt ihr Verhältnis dar. Notiert an wichtigen Stellen der Kurve Stichwörter zu besonderen Ereignissen der Handlung oder kurze Textzitate.

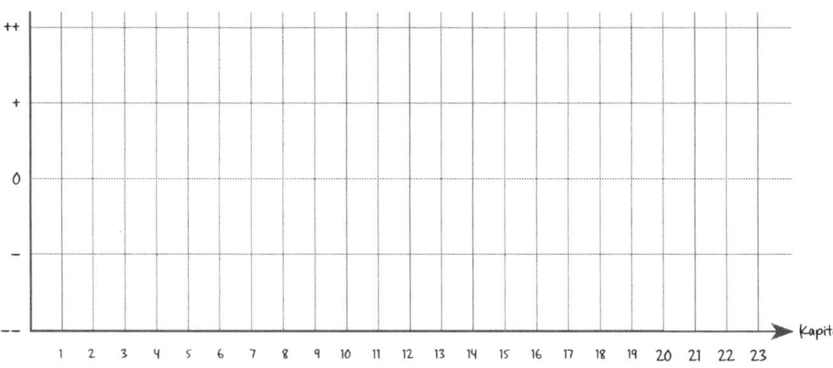

b) Vergleicht die Beziehungskurven in der Klasse. Welche Parallelen gibt es? Welche Unterschiede fallen euch auf? Diskutiert über unterschiedliche Einschätzungen und belegt eure Einschätzungen am Text.

2. Erstellt ein Interview mit Jo, Jos Vater, Jos Mutter, Ron, Jurek, Luca, Herrn Kubitschek oder Katrina oder einer anderen Figur eurer Wahl am Ende der Handlung im Roman. Du kannst das Interview entweder aufschreiben oder mit einer Partnerin oder einem Partner spielen und es mit dem Handy aufnehmen (Video oder Sprachaufnahme).

Mögliche Fragen an die Figuren:

- Wie hast du die letzten Wochen erlebt?
- Wie geht es dir im Moment?
- Welche Situation in den letzten Wochen hat dich am meisten gefreut?
- Welche Situation in den letzten Wochen hat dich am meisten belastet oder geärgert?
- Was denkst du: Wie wird es mit dir bzw. euch in Zukunft weitergehen?

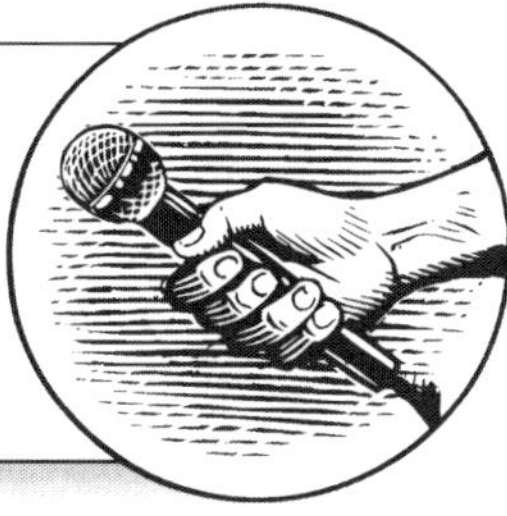

3. Niclas verhält sich gegenüber Jo (und anderen) oft rücksichtslos und fies. Teilweise kann man das Verhalten auch als Straftaten bewerten.

a) Finde Textstellen im Buch, wo Niclas folgende Dinge macht: Beleidigung, Bedrohung, Körperverletzung, Mobbing.

b) Wie verhalten sich die anderen Mitspieler, der Trainer und Niclas' Vater?

c) Wie findest du Niclas' Verhalten? Wie würdest du mit solch einem Mitschüler umgehen?

d) Gibt es in eurer Klasse oder an eurer Schule Regeln und Programme gegen Mobbing? Berichte davon.

Mobbing in verschiedenen Gruppen, z. B. in der Schule oder am Arbeitsplatz, gibt es leider immer wieder. Informiere dich mithilfe von Sachbüchern, Internetquellen und Experteninterviews über das Thema Mobbing in der Schule oder im Verein (z. B. Definition, Formen von Mobbing, Häufigkeit, Ursachen, Folgen für die Betroffenen, Lösungswege, strafrechtliche Dimension, Prävention) und stelle die Ergebnisse deiner Klasse vor. Natürlich kannst du auch deine eigene Meinung und deine eigenen Erfahrungen in deinem Referat darstellen.

Feedback-Bogen zum Roman

Du kennst das Buch »Der Himmel über dem Platz« nun sehr genau. Jetzt sollst du deine Meinung zum Roman darstellen.

1. Welche Figur aus dem Roman fandest du sympathisch? Welche nicht so sehr? Trage Zahlen ein. Die »1« bekommt die Figur, die du am sympathischsten fandest, und so weiter. Die »12« bekommt dann die Figur, die du am unsympathischsten fandest.

☐ Jo	☐ Jos Vater	☐ Jos Mutter	☐ Katrina
☐ Fabienne	☐ Betty	☐ Mama Ahmed	☐ Ron
☐ Niclas' Vater	☐ Niclas	☐ Herr Kubitschek	☐ Jurek

2. Welche Szene fandest du besonders spannend?

Als ______________________________

3. Gibt es etwas, was dir am Buch nicht so gut gefallen hat? ______________________________

____

4. Jetzt ist dein Urteil gefragt! Kreuze an.

	stimmt total	stimmt	geht so	stimmt nicht
a) Die Story des Romans fand ich interessant.	○	○	○	○
b) An Jos Stelle wäre ich nach dem Probetraining bei Blau-Weiß wieder zum FFC gegangen.	○	○	○	○
c) Ich kann verstehen, dass Ron sein Balletttraining und seine Liebe zum Tanzen geheim hält.	○	○	○	○
d) Einige Stellen fand ich unrealistisch.	○	○	○	○
e) Ich finde, Herr Kubitschek ist sehr seltsam.	○	○	○	○
f) Ich könnte mir nach der Lektüre des Buchs auch vorstellen, in einen Fußballverein zu gehen.	○	○	○	○

5. Wie fandest du das Buch insgesamt?

☐ sehr gut ☐ gut ☐ geht so ☐ nicht so gut ☐ schlecht

Begründe deine Antwort: ______________________________

Lösungen und Lösungsvorschläge

1. a) Fabienne, S. 6, Z. 1/2
   b) Jo, S. 9, Z. 11
   c) Betty, S. 8, Z. 5
   d) Ron, S. 10
   e) Niclas, S. 11, Z. 23
   f) Jos Vater, S. 13, Z. 20

2. Training – wechseln – gestoßen – Verräterin – Nachmittag – Jurek – anstrengend – beleidigt – Mädchen – ausgeschlossen – Talent – sofort
   Übrig bleibt: Schiedsrichter

1. a) Was sucht Katrina?
   b) Wie findet Jos Mutter ...?
   c) Was entdeckt Jo ...?
   d) Warum darf Niclas ...?
   e) Was antwortet ...?

1. a) Kap. 6: Ronaldo-Bild abmalen, Begegnung mit Zico, nicht mehr beim Training zusieht
   Kap. 7: Rons eigenartige Bewegung, Begegnung mit Rons Mutter, Mama Ahmed
   Kap. 8: Niclas: Schwuchtel-Ronaldo, FLY HIGH mit Ausrufezeichen, Katrinas neuer Mittänzer
   Kap. 9: beim »Zwei gegen Zwei«, Beleidigung von Niclas, die Lüge am Telefon

   Muster-Inhaltsangabe bei der tabellarischen Kapitelübersicht i.4

2. a) S. 50, Z. 25/26
   b) S. 56, Z. 7/8
   c) S. 65, Z. 5/6
   d) S. 74, Z. 17/18
   e) S. 77, Z. 10/11

3. S. 74–76

1. a) Jos Vater, S. 81, Z. 10
   b) Katrina, S. 104, Z. 26
   c) Herr Kubitschek, S. 88, Z. 18
   d) Kubitschek, S. 88, Z. 27
   e) Jo, S. 92, Z. 16
   f) Betty, S. 96, Z. 7/8
   g) Ron, S. 98, Z. 24
   h) Jo, S. 84, Z. 25
   i) Jos Mutter, S. 109, Z. 9

1. a) r, S. 115, Z. 7
   b) f, S. 118, Z. 7 (und wird gefoult)
   c) r, S. 124, Z. 24/25
   d) f, S. 127, Z. 26 (antwortet er ausweichend)
   e) f, S. 133, Z. 8 (Kleinfeldtor)
   f) r, S. 138, Z. 1
   g) f, S. 143, Z. 20 (ein als Frau verkleideter Mann)

2. a) Die Situation ist für Ron peinlich, weil er mit seiner kleinen Schwester im Buggy auf dem Spielplatz ist und er vielleicht denkt, dass das nicht zu seinem coolen Image auf dem Fußballplatz passt.
   Die Situation ist für Jo peinlich, weil sie befürchten muss, dass Ron bemerkt, dass sie ihm hinterherspioniert und ihre Entschuldigung mit dem Geldstück zu offensichtlich geschwindelt ist.

1. a) Am Sonntagmorgen ... (Trinkflasche) / und nimmt ... (Turnier).
   b) Nach dem dritten ... (Niclas) ... / vor Wut ... (Marmeladenglas) ...
   c) Niclas (blutet) stark ... / rangeln miteinander ... (schlagen) ...
   d) Jo läuft in die Kabine ... (Schiedsrichterin) ... / die sie tröstet ... (Fan).
   e) Jo geht zu Betty ... (Vater) ... / wo (Katrina) ...
   f) Dann läuft sie am (Garten) von ... / der ihr seine (Piranhas) und ...
   g) Als Jo rückwärts ... (Haus) geht, / sieht sie ... (Tor)

1. a) ... Handy in eine große Pfütze. (S. 193, Z. 22–24)
   b) ... fischt das Handy aus der Pfütze und hilft ihr, die einzelnen Teile zu verpacken. (S. 194, Z. 16 bis S. 196, Z. 15)
   c) ... mit ihrer Mutter über ihren Wunsch, weiterhin bei Blau-Weiß zu spielen. (S. 201, Z. 19)
   d) ... eine Woche Trainingsverbot hat, drei Wochen für den Ballsack verantwortlich ist und sich bei Niclas entschuldigen muss. (S. 209, Z. 11 bis S. 210, Z. 5)
   e) ... welch ein Gewinn Jo für die Mannschaft ist. (S. 211, Z. 5/6)
   f) ... sehr begeistert von ihm und stolz auf ihn sind. (S. 213, Z. 17–20)
   g) ... viele Grüße von Kubitschek aus und sagt ihr, dass Kubitschek als Fußballgott arbeitet. (S. 217, Z. 7–18)
   h) ... mit der Jugendnationalmannschaft nach Kopenhagen zu einem Spiel fliegt. (S. 10/11)